어머니는 죽지 않는다

어머니는 죽지 않는다

1판 1쇄 발행 | 2004년 4월 28일
1판15쇄 발행 | 2004년 6월 30일

지은이 | 최인호   사 진 | 구본창   펴낸이 | 김성봉
펴낸곳 | (주)여백미디어

등 록 | 1998년 12월 4일 제 03-01419호
주 소 | 서울시 용산구 한남동 1-364 (140-884)
전 화 | 546-5116   팩 스 | 546-5130   E-mail | yeobaek@hitel.net

디자인 | 너른터   인 쇄 | 서진인쇄   제 본 | 대흥제본

어머니는 죽지 않는다

최
인
호

구본창 사진

여백

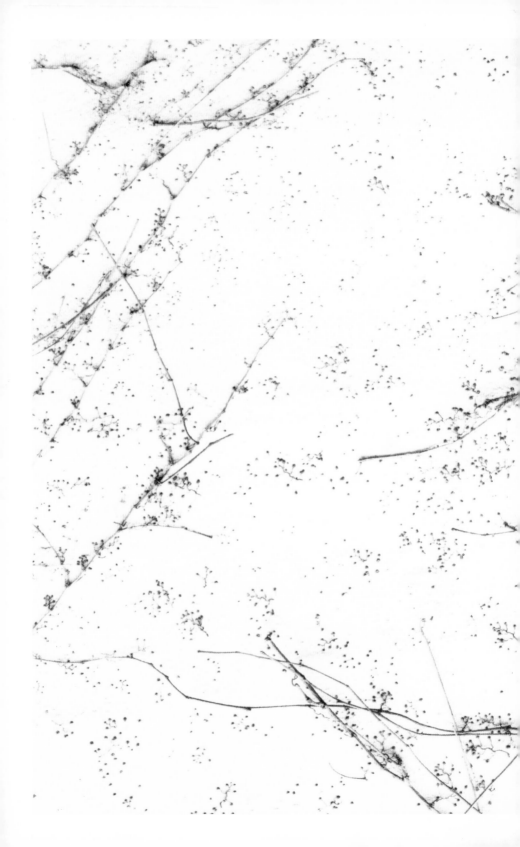

I

　어머니가 돌아가신 것이 1987년이니, 벌써 이십 년 가까이 되어
간다. 아버지는 돌아가신 지 반세기가 되어가고, 한 형제로 태어났
던 큰누이와 막내누이도 돌아가신 지 벌써 오륙 년, 언제나 이 한 세
상에서 함께 지낼 것 같은 가족들도 어느새 반 이상 우리 곁을 떠나
저세상으로 떠나가셨다.

　그리움도 많이 퇴색되어버려서 문득문득 떠오르긴 하지만 가슴이
저미거나 보고 싶다는 애틋한 감정은 떠오르지 않는다. 어디서 와서
어디로 가는지 모르는 신기한 인생. 성 테레사 님의 말처럼 '낯선 여
인숙에서의 하룻밤'과 같은 여정에서 어머니와 아버지, 그리고 누이
들은 같은 성을 쓰고 같은 집에서 아빠, 엄마, 누나라는 호칭으로 서
로를 부르며 소꿉장난하듯 재미있게 놀다가 '이제는 그만 들어와 밥
먹어라아ー'하는 하느님의 부르심에 먼저 돌아가버린 동무들처럼
느껴진다. 남은 우리들도 언젠가는 '인호야, 그만 들어와 밥 먹어라
아ー'하는 소릴 들으면 이 소꿉장난의 낯선 골목길을 떠날 것이다.

　남아 있는 우리들은 먼저 집으로 들어가버린 동무들이 우리 곁을

떠났다고 슬퍼하고 있지만 우리들이 머물고 있는 이 골목길이 오히려 바람불고, 쓸쓸하고, 무서운 낯선 곳일 것이다. 먼저 편안한 저 세상의 집으로 돌아간 엄마와 아빠, 그리고 누이들은 살아 있는 우리들의 눈으로는 보지 못하는 신비의 커튼 사이로 우리들의 모습을 지켜보며 이제 날이 저물고 있으니 어두운 골목에서 그만 헤매지 말고 들어오라고 손짓하고 있을지 모른다.

Ⅱ

어머니에 관한 글을 묶은 원고를 읽고 교정하면서 나는 많이도 울었다. 새삼스러운 그리움 때문이 아니라 살아생전 어머니가 얼마나 외로웠을까 하는 슬픔이 솟구쳐 올라왔기 때문이다.

이 책의 서두는 어머니가 예순여덟 살 때부터 시작되는데, 그 나이는 지금의 내 나이와 큰 차이가 없다. 내가 항상 노인으로만 기억되던 어머니의 나이와 동갑내기가 되어가고 있는 것이다.

그런데 나는 어머니를 전혀 이해하지 못하고 어머니를 6·25 전쟁이 끝난 직후 길거리에서 손에 더러운 검정칠을 하고서 돈을 안 주면 그것을 묻히겠다고 위협하면서 동냥질하던 거지아이처럼 죽음이라는 검정칠을 들고 비겁하게 자식들인 우리들을 끊임없이 위협하던 할망구 거지로 인식하고 있었던 것이다.

나는 어머니를 있는 그대로의 어머니로 보지도 못하였고, 어머니의 고통과 비명소리를 듣지 못하였던 비정한 자식이었다. 어머니는 쓰레기처럼 내 마음속의 하치장에 함부로 버려졌었다.

아아, 어머니는 얼마나 고통스러우셨을까.

옛날 자식들은 어머니를 지게에 업고 돌아올 수 없는 산골짜기에 버리고 돌아왔다고 하였는데, 나는 비겁하게도 어머니를 볼 수 없고, 들리지 않고, 말할 수 없는 감옥에 가둬두고, 좋은 옷 입히고 매 끼마다 고기반찬에 맛있는 식사를 드리고 있는데 무슨 불평이 많은가, 하고 산 채로 고려장시키는 고문으로 어머니를 서서히 죽이고 있었던 형리(刑吏)였던 것이다.

그렇다.

어머니는 그토록 고생하여 지문조차 남아 있지 않은 손으로 수고하여 훌륭하게 자식들을 키웠지만 머리는 좋은 대신 몰인정한 자식

들에 의해서 독방에 감금되었던 종신형의 죄수였다.

어머니로서의 종신형 업보가 끝난 것이 바로 죽음이었으니, 어찌하여 나는 그토록 어머니에게 상처를 입히고 어머니를 고문하였을까. 함부로 할 수 있다는 것이 어머니였으니, 그러한 우리들을 저 세상에 가신 어머니가 과연 용서하여 주실 것인가.

내 책상머리맡에는 낡은 사진이 한 장 놓여 있다. 북한에 사는 친척으로부터 미국에 살던 큰누이에게 왔던 사진으로, 갓 결혼하였을 때 열아홉이던 아버지와 열여덟이던 어머니가 나란히 서 있는 사진이다. 나는 하루에도 몇 번씩 그 사진을 들여다보는데, 그 사진을 보면 어머니의 앳된 얼굴에는 잘생긴 남자를 남편으로 둔 새색시의 자랑스러운 모습이 깃들여 있다.

그때 열여덟의 어머니는 과연 생각하였을까. 장차 야구팀을 짤만큼 아홉 명의 아이를 낳고, 그중에서 여섯은 건지고, 셋은 죽이는 다산(多産)의 인생이 앞으로 펼쳐질 것인가를 꿈이나 꾸셨을까. 사랑하는 남편이 마흔여덟에 세상을 떠나고, 남은 인생 삼십 년 동안 자식들을 키우기 위해서 하숙집 주인이 될 것을 상상이나 하셨을까. 남편 없는 과부가 되어 자식들을 다 대학 보내고 소위 출세라는 것도 시켰는데, 막상 늘그막에는 다리를 못 쓰는 앉은뱅이에, 눈도 제대로 못 뜨는 심봉사가 될 것을 생각이나 하셨을까.

나는 잊지 못한다. 어머니가 돌아가시고 일주일쯤 되었을 때 일본 나라의 한 여관방에서 허물과 같은 낡은 옷을 벗고 마치 연꽃에서 나오는 심청이처럼 일어서시던 어머니의 모습을.

그때 어머니는 아이 아홉을 낳았던 할머니의 모습이 아니라 사진 속에서 보던 처녀의 모습이었다. 그러나 자신의 모습에 어머니 스스로도 놀라고 있었지. 그 모습은 하늘에서 입고 온 선의(仙衣)를 나무꾼에게 잃어버려 그만 이 세상에서 아이를 낳고 눌러 살다가 선의를 찾아 입고 하늘나라로 돌아가는 선녀의 모습이었지. 그러한 선녀, 손복녀 어머니가 내 곁에 있을 때, 나는 어째서 그 말에 귀 막고, 그 모습에 눈 감고, 입 다물고 있었던 것일까.

아아, 어머니.

어머니는 사는 것이 힘들 때면 가끔 혼잣말로 노래를 불렀지.

"옛날에 금잔디 동산에 매기같이 앉아서 놀던 곳, 물레방아 소리 들린다 매기 내 사랑하는 매기야, 동산 수풀은 우거지고 장미화는 피워 만발하였다, 옛날의 노래를 부르자 매기 내 사랑하는 매기야."

어머니.

지금도 가끔 어머니의 청승맞은 노래 소리가 들려요. 마치 여덟 살의 어린 소년으로 왕이 되었던 루이 17세가 감옥에서 죽을 때 어머니를 그리워하며 '그다지 고통스럽지 않아요. 저 노래 소리가 참 아름다워. 들린다, 들린다, 그 많은 노래 소리 가운데 어머니의 목소리가 들린다' 하고 탄식하였던 것처럼 어머니, 요즘의 인생은 그다지 고통스럽지도 않아요. 이따금 '동산 수풀은 우거지고 장미화는 피워 만발한 금잔디 동산에서 옛날의 노래를 함께 부르자' 던 어머니의 노래 소리가 그 많은 노래 소리 가운데 들려옵니다. 그 노래 소리가 참 아름다워요.

어머니.

언젠가는 저 세상에서 만나겠지요. 그때는 엄마와 자식으로 만나는 것이 아니라 영원히 늙지 않는 영생불멸의 영혼과 영혼으로 만나겠지요. 그때 너무 쌀쌀한 표정을 짓지는 마세요. 그러면 내가 언젠가 그러하였듯이 어머니의 겨드랑이에 손을 넣어 간지럼 태울 것입니다. 다시 만날 그때까지 어머니, 이제와 우리 죽을 때 우리 죄인을 위하여 빌어 주세요.

참으로 염치없는 말이지만 어머니, 엄마 사랑합니다. 아빠, 누나, 모두 사랑합니다.

예순여덟

어머니가 최근 눈에 띄게 멋을 부리기 시작하셨다. 내일 모레면 우리나라 나이로 일흔이 되시는 어머니께서 멋을 부리면 얼마나 부리시겠는가마는 그래도 간혹 볼 때마다 어머니의 옷맵시는 조금씩 조금씩 달라지고 있다.

언제라고 딱히 기억할 수는 없지만 흰 머리칼을 감추기 위해서 머리에 검은 물을 들이시는 것을 시작으로 하여, 안경도 빛깔 없는 테를 두른 안경을 일부러 골라 쓰시는가 하면, 머리는 실핀을 많이 꽂아 얼핏 보면 퍼머라도 하신 게 아닐까 싶게도 정성들여 빗은 흔적이 역력하다.

그뿐인가 하면 미국의 누이가 보내주신 미제 핸드백을 들고 다니시는데 그 속에는 노인네 손수건답지 않은 꽃무늬 손수건이 짙은 향수 냄새와 더불어 얌전히 접혀 있으며, 먼 친척이 한다는 양장점에서 맞춘 원피스를 입고 다니신다.

어머니를 모시고 살지 않는 차남인 나로서는 내가 어머니를 찾아뵙지 못하는 이유로 걸핏하면 바빠서라는 거짓말로 위장할 수 있지만, 때문에 어머니께서 일주일에 한 번씩은 나를 만나러 오시는데 그때마다 나는 어머니가 점점 멋을 부리시는 것을 보며 한편으로는 의아하게 생각하고 있을 뿐이다. 도대체 어머니는 어디를 나다니고 계시는 것일까. 도대체 어머니는 하루하루를 무엇으로 소일하시고 계시는 것일까.

물론 나는 알고 있다. 일요일마다 성당에 나가시고 가끔 국도극장에 가서서 국산 영화 구경하시고, 또 가끔 방청권 타서는 〈웃으면 복이 와요〉라는 공개방송에 나가 앉으셔서 될 수 있는 대로 많이 웃으라는 PD의 부탁에 으핫핫핫 틀니가 빠지도록 웃으시는 것이 고작이라는 것도 알고 있다.

그것도 어떻게 알았는가 하면 언젠가 어머니께서 내게 '애, 〈웃으면 복이 와요〉 볼 때 누가 크게 웃는 소리가 나거들랑 내가 웃는 줄 알아라'라고 귀띔을 해주셨기 때문에 아, 어머니는 가끔 공개방송 같은 데 나가서서 박수치고 웃고 그러시는구나 하고 눈치를 챘을 뿐인 것이다.

어머니는 원래 성격이 까다로우셔서 친구도 별로 없으시고 사실

몇몇 있던 친구들은 이미 다 돌아가셔서 막말로 몇몇 패를 이뤄 팔자 좋은 노인네들처럼 설악산이다, 속리산이다 돌아다니시지도 않는다는 것을 나는 잘 안다. 그럼에도 나는 어머니가 저렇게 멋을 부리시며 어디를 돌아다니시는가 가끔 어머니를 뵐 때마다 의아해 하곤 한다.

가끔 어머니는 내게 은근히 부탁하시는 수가 있다.

"돈 좀 다오."

내가 부스럭부스럭 주머니에서 돈을 꺼내 드리면 어머니는 애교를 피우시며 '니 색시한테는 얘기하지 말어' 하시는데, 그거는 우리 집 마누라에게 타는 한 달 용돈 이외에다 부정기적 수입을 마련해 보자는 노인네의 꾀인 것은 분명하나, 도대체 노인네께서 무엇을 하시는가 그것은 짐작도 못하는 것이다.

그렇다, 노인들에게도 생활은 있다.

노인의 은빛 빛나는 머리칼 뒤로 죽음의 그림자가 가까이 마주 닿아 있고 아침 저녁 노인네의 그림자가 죽음으로 가는 길을 빗질하고 있다손 치더라도 어머니에겐 어머니의 생활이 있는 것이다. 참빗 빗질할 때마다 듬성듬성 머리칼이 빠진다 해도, 초저녁 일찍 잠드는 그 꿈속에 우리들 젊은이가 감히 짐작할 수 없는 노인의 슬픔이 젖어 있다 해도 어머니는 어머니대로의 기쁨이, 생활이 있는 것이다.

그 낡은 장롱을 열어 보면 내가 입던 고등학교 때의 교복 단추라든지, 그 옛날 아버님이 사오셨던 부엉이 시계 부속품이라든지, 돌

아아, 어머니는 외로우신 것이다.

아가시기 전에 찍은 법복 입은 아버지의 낡은 사진이라든지, 그런 것이 나프탈렌 냄새와 더불어 잘 정리되어 있는 것처럼 어머니에겐 어머니대로의 은밀한 생활이 있는 것이다.

며칠 전 비 오는 날, 어머니는 우리집에 오셨었다. 새로 맞춘 원피스를 입으시고, 큰 미제 가죽 핸드백을 드시고, 미국 누이가 쓰다 보내주신 구제품 우산을 받으시고 노인네가 아침 일찍 오신 것이다.

내게는 아침이지만 어머니에게는 점심인 식사를 같이 하면서 나는 물끄러미 어머니를 쳐다보았다.

근래 나는 어머니를 영원히 돌아가시지 않을 분으로 내가 늘 필요로 할 때, 일테면 유난히 어머니가 뵙고 싶다는 충동적 요구에는 늘 내 곁에 있는 분이라는 막연한 생각으로 일주일 만에 오셔도 오셨어요 하고 낮잠이나 자대고 그랬는데, 그날 보았을 때 나는 문득 쓸쓸한 생각이 들어 '요즈음 뭐하고 지내세요' 하고 물었었다. 그러자 어머니는 뜻밖의 말씀을 하셨다. 무슨 초등학교인가 중학교인가에서 만든 노인학교에 나가신다는 것이다.

물론 나는 노인학교라는 명칭은 익히 들어왔다. 언젠가 텔레비전에서 외로운 노인들을 위해 학교도 만들었다는 뉴스 필름도 보았었는데, 나는 막연히 우리 어머니는 장수무대 같은 프로에는 나가지 않는 어머니, 그런 학교에는 어울리지 않는 어머니라고 생각하고 있었는데 갑자기 어머니께서 노인학교에 나가신다는 말을 들었을 때 나는 어머니가 양로원에 가셨다는 말처럼 충격적이었다.

어머니가, 내 어머니가 노인학교에 나가신다니.

"재미있으세요?"

"재미는 뭐. 노인들끼리 모여서 노래 배우는 거지 뭐."

"아니, 무슨 노래요?"

"유행가도 배우고 옛날 노래도 부르지 뭐."

"남자분도 있어요?"

"난 싫다. 남자 있는 학교 싫어서 여자만 있는 학교에 나간다."

"뭐해요, 거기서?"

"어저껜 국립묘지 가서 육 여사도 만나고 이 대통령 무덤에도 갔다왔지 뭐."

"그리구요?"

"참, 어제 우리 학교에서 방위성금 냈어. 오늘 저녁 문화방송 텔레비전에 우리 얼굴도 나온다. 4시 45분에 나오니까 한번 봐라, 응?"

그날 어머니가 큰집으로 돌아가실 때 나는 어머니를 골목길까지 바래다 드렸다. 어머니는 놀랍게도 시장에서 파는 굽이 높은, 비닐로 만든 싸구려 하이힐(?)을 능숙하게 신고 계셨다. 그 굽 높은 신발이, 아주 큰 핸드백을 들고 버스에 타시는 어머니의 그 작은 다리 밑의 굽 높은 신발이 내 눈시울을 뜨겁게 했다.

아아, 어머니는 외로우신 것이다.

머리에 물들이시며 굽 높은 비닐 구두를 신은 어머니는 외로우셔서 무덤가, 국가에서도 무슨 행사날 때만 찾는 국립묘지를 서성이며 죽은 이들을 추모하며 자기들끼리, 버림받은 자기들끼리 노래부르시며 소일하고 있는 것이다. 그리고 그러한 행동을 아들인 내게까지도 부끄러워하고 계신 것이다.

아아, 가엾은 어머니.

예순아홉

어머니가 며칠 전 미국에서 오셨다. 작년 가을, 어머니는 미국으로 떠나셨었다. 키가 150센티미터도 못 되는 우리 어머니는 슬하에 3남3녀를 두셨는데 웬일인지 딸 셋은 모두 미국으로 떠나 결혼해서 살고 있다. 그 아들딸들을 만나러 어머니는 떠나셨었다.

영어라고는 '오케이' 밖에 모르는 칠십 노모가 태평양을 건너 미국에 가신 것도 신기하거니와 평소 엄살이 심한 어머니로서는 그 마물과 같은 비행기를 타고 견뎌내신다는 것만 해도 나는 신통하게 생각하였었다. 떠나시기 전 머리에 검정물 들이시고 투피스를 맞춰 입으시고 굽 높은 하이힐을 신으려 드시는 것을 보고 나는 칠십 노모의 마음속에 미국행이 청춘을 불러일으키게 하는구나, 신기해 했었는데 떠나신 지 3개월 만에 어머니의 편지를 받고 나서 정말 감격하였었다.

나는 지금까지 한 번도 어머니의 편지를 받아본 적이 없다. 자식과 부모 간에 떨어져 산다면 편지를 쓸 일이 생길지도 모르겠지만 같은 서울 한 하늘 밑에서 살다 보니 급하면 전화였지 편지는 오갈 필요가 없었던 것이다. 물론 나는 군대 갔을 때 훈련소에서 어머니에게 편지를 썼던 적은 있었다. 늘 어머니 속썩여 드리다가 군대에 입대하고 보니 기적소리만 들어도 어머니 생각이 덜컥덜컥 나서 잠 안 오는 밤 '그리운 어머니'로부터 시작되는 꽤 센티멘털한 편지를 써서 다음날 아침 부치려다가 찢어버린 적이 있었다.

언젠가 나는 결혼하기 전 어머니가 쓰신 글을 가끔 볼 때가 있었다. 어머니는 외할아버지의 낡은 사상으로 초등학교도 제대로 나오지 못하셨는데 나는 가끔 어머니가 진취적 사상을 가진 외할아버지만 만나셨다면 지금쯤 유명한 여류 명사가 되셨으리라 확신한다. 때문에 어머니는 일테면 일자무식이라 할 수 있겠으나 어쩌다 결혼하기 전에 조그만 수첩을 보면 다음과 같은 어머니의 메모가 적혀 있기도 했었다.

'콩나물 30원. 꽁치 50원. 송씨 이잣날 12일. 곗돈 5000원.'

그런 어머니가 미국에 가신 지 3개월 후에 친히 편지를 쓰셨는데 편지를 써서 부치신 것만 해도 놀라운 일인데 그 내용을 뜯어 보니 더더욱 놀라웠다.

다해(다혜) 엄마에게.

두 번 편지 잘 바다보앗다. 너의 두 내위(외)도 잘 잇고 우리 귀여운 다해 경재(아들의 이름은 성재였다) 잘 논다니 뭇어(무엇)보다도 깁 뿐이리로다(기쁜 일이다).

편지는 서두가 이처럼 시작되어 마치 암호문자처럼 해독하기 힘 든 언문체로 써내려 갔는데 살림 걱정, 건강 걱정, 식목일날 꽃나무 옮겨 심을 걱정… 미국 가서도 걱정 팔자이신지 잔뜩 걱정 타령을 늘어놓으시더니 놀랍게도 편지 말미에 다음과 같은 문구로써 끝을 맺으셨다.

나는 매일 편지통 보는 것 일과이니 종종 편지 보내라. 그럼면 난성 (난생) 첨은(처음) 내가 떨니는 손으로 써서 말리나(말이나) 되연는지 짐작하여 보아라. 우리 다해, 경재, 멀리 미국서 할머니가 뽀뽀한다.

나는 어머니가 편지 쓰셨다는 것에 놀랐으며 더 더욱 놀란 것은 어머니가 미국 가신 지 3개월 만에 '우리 귀여운 다해라든지' '할머 니가 한다' 라는 사뭇 미국식의 인사법을 쓰시고 있다는 놀라운 변화 였었다.

어머니가 영어를 터득하였으리라 생각해 보는 것은 말도 안되는 일이고 그새 벌써 미국식 사고방식에 자신도 모르게 동화되신 이유 때문이라고 생각할 수밖에 없다. 생각해 보면 전형적인 동양식 사고 방식에 굳어버린 어머니에게 어떻게 서양식 사고방식이 합쳐졌는지 정말 경이로울 수밖에 없었다.

그런데 며칠 전 어머니가 미국에서 돌아오신 것이다. 형이 미국에 출장가신 길에 모시고 오셨는데 나도 아침 일찍 공항에 나가 어머니를 기다렸었다. 나는 편지의 변이로 보아 이거 어머니가 서양의 늙은 마귀할멈(서양의 할머니들은 정말 마귀할멈들 같다. 동양의 곱게 늙은 노인과는 비교가 되지 않는다)들처럼 껌을 씹으며 입에 루주도 칠하고 머리도 곱슬곱슬 지지시고 구제품 얻어 입은 전후의 전도사 사모님 같은 모습으로 내리실까 은근히 겁이 나 있었다.

아주 늦게 어머니가 나오셨는데 놀랍게도 어머니는 그동안 물들인 머리가 빛깔이 퇴색되어 희게 되셨을 뿐 변한 곳이 한 군데도 없어 우선 안심은 되었다. 옷도 입고 가셨던 옷 그대로고 구두도 마찬가지였다.

그런데 차에 태워 드리고 아내와 시내로 돌아오려는데 갑자기 아내가 어머니를 보더니 감탄사를 발했다.

"어머님. 어머니 손톱 봐라."

나는 어머니의 손톱을 보았는데 어머니의 손톱은 길게 자라 있었고 그 위에는 매니큐어가 칠해져 있었다. 나는 유쾌하게 웃었다.

"웬 매니큐업니까?"

"얘는?"

어머니는 하얗게 눈을 흘기셨다.

"미국 노인들은 다 기른다, 애."

어머니는 우리 형제를 키우시느라고 손이 노무자의 손만큼 거칠고 크시다. 나는 맹세코 우리 어머니와 팔씨름해서 이길 수 있는 새마을 여성지도자가 있다면 좋은 선물하겠다. 어머니는 그 손톱에 봉숭아물조차 들이지 못하셨다. 그럴 틈이 없으셨던 것이다.

그 어머니가 일흔 다 되어서 손톱을 기르시고 매니큐어를 칠하신 것이다. 나는 이것이 독립 2백 주년을 맞는 미국의 선물이라고는 생각지 않으나 어머니에게 새삼 여성임을 자각시킨 이 서구적 사고방식이 결코 우리가 맹목적으로, 혹은 막연히 경멸해서는 안될 자유와 자각이라고 확신한다. 칠십 노모를 꽃피우게 한 여성 자각의 사상이 거기서 싹튼 것이라면 나는 반성할 수밖에 없다.

어머니의 손에 바른 매니큐어를 사치라고 욕을 한다면, 그것이 맹목적인 전통을 무시한 사대주의라고 말할 수 있는 민족주의자가 있으시다면 어머니가 살아온 칠십 고난의 역사를 보여줌으로써 그들의 입을 다물게 할 수밖에 없다.

어머니, 오래오래 사셔서 손톱 기르시고 매니큐어도 칠하십시오.

일흔

지난 8월 10일은 어머니의 생신이었다. 올해 일흔을 맞으신 어머니는 그러니까 8월 10일로 만 예순아홉 살이 되신 것이다.

작년까지만 해도 가끔 '어머니 올해 몇 살이시죠?' 하고 물으면 어머니는 그저 못 들은 척 '아직 예순 줄이다' 하고 흘려버리시곤 했는데 올해 들어서 가끔 물으면 어머니는 두 가지의 반응을 보이시곤 한다.

기분 좋으실 때는 '열아홉이다, 왜' 하고 대답하시나 기분이 좀 언짢으실 때는 '일흔이다, 왜 니 에미 빨리 죽기라도 바라는 거냐' 하고 톡톡 쏘시곤 한다.

하기야 어머니는 노인이라기보다는 여성이시니까 아직까지도 나이를 대답하기 싫으신 모양이고, 늙기조차 서러우신데 나이를 묻는 내 심보가 고약스럽게 여겨지실 것도 분명하다.

그래서 8월 10일 생신 때는 제법 거창하게 생신파티를 벌여 그래도 어머니가 남편 복은 없지만 자식 복은 있다는 공개 칭찬쯤 듣게 해드리고 싶은 마음으로 형과 나는 머리를 맞대고 의논하였는데 어머니는 의외로 아주 검소하게 생일을 보내고 싶다고 주장하셨다.

평소 멋을 내시는 편이며 특히 미국의 누이와 동생을 만나고 온 뒤부터는 두터운 힐 구두에 원피스, 퍼머한 머리칼, 입술에도 루주칠을 연하게 하고, 손톱에 매니큐어까지 바르는 여성으로서의 자각을 하신 후라 일가친척 모아놓고 '나 이제 일흔 살 먹은 할망구 중에도 할망구요' 하는 공개성명을 발표하시고 싶지는 않으셨을 것이다.

사실 자랄 때부터 불효막심한 후레자식 노릇을 한 나로서는 이럴 때 생색 좀 내서 어머니의 한(恨)을 풀어 드리고 싶은 마음도 있었지만 어머니의 결심 또한 완강하게 굳으셔서 별 수 없이 간단하게 생일파티를 벌이기로 작정했었다.

그래서 친척 중에도 오직 어머니의 친동생이신 화가 외삼촌 내외만 부르기로 하고, 장소는 시내 J호텔 요식부의 한 방을 예약해 두었었다.

12시 30분. 우리는 정확히 약속 장소에 집결했다. 삼촌 내외는 벌써부터 오셔서 기다리고 계셨는데 우리를 보자 외삼촌은 익살을 부리셨다.

어머니. 저 어머니의 저런 주책이 우릴 키 워　오 셨 다.

"잘 먹을 것 같아서 하루 전부터 굶었어. 만약 너희가 이틀 전에 연락해 주었다면 이틀은 굶었을 거야."

어쨌든 이렇게 해서 20층이 넘는 호화 호텔 꼭대기에서 한 방을 자리잡고 어머니의 만 예순아홉 살의 파티를 시작하였다. 접시에 접어놓은 냅킨을 하나씩 무릎 위에 드리우고 며느리들은 시어머니의 생신을 진정 축하해서 못 견디겠다는 엄숙의 표정을 과장하고 있었으며, 아직 철모르는 아이들조차 분위기에 압도되어 마치 수녀원에 갇혀 엄격한 예절교육을 받은 아이들처럼 의자에 조용히 앉아 있었으며, 어머니는 빨간 매니큐어 칠한 손으로 파티의 개막을 선언하였다.

마침 사진기를 가져오지 않았으므로 전속 사진사를 불렀으나 막상 사진사가 오자 형은 다음과 같이 말하였다.

"미안하지만 십분 후쯤 다시 와주겠어요? 왜냐하면 테이블에 접시라도 좀 가득 있었으면 하니까요. 그래야만 사진이 그럴듯하지 않겠어요?"

마음좋게 생긴 사진사는 정확히 십분 후에 다시 오겠다고 나가버렸고 결국 음식이 차례차례 들어오기 시작했다.

평소 중국음식이라면 자장면과 우동밖에 모르는 우리 아이들은 차례로 들어오는 음식이 먹는 음식이라기보다는 왠지 장난감 같은 생각이 들었는지 먹으려 들지 않고 장난만 하고 있었으며, 아내는 후닥닥 먹고 싶어 견딜 수 없는 눈치였지만 분위기가 너무 무거워서 침만 삼키고 젓가락질만 하고 있을 뿐이었다.

분위기가 차차 무르익자 빈 접시도 쌓여가고 아이들도 먹고 흘리고 소리지르고 던지고, 외삼촌도 술 한잔에 마음이 풀리셔서 말씀도 많아지고, 며느리들도 체면 차리지 않고 먹기 시작하고, 사진사가 돌아와서 '카메라를 의식지 마시고 그냥 드세요. 마음껏 드세요' 하며 사진 찍고 플래시가 번쩍번쩍 터지고, 20층 꼭대기에서 밖을 내다보니 눈 아래 사람들이 개미 같고 차들이 성냥갑 같고, 물도 꿀꺽꿀꺽 먹고 그러다가 입가에 흘리고 배도 불러오고, 아이 중의 하나가 화장실 갔다오겠다고 나가서 오줌 싸고 오더니 너두나두 긴장이 풀려 한번 다녀온 뒤부터는 비로소 마음이 느긋하게 풀리고 그제야 진짜 어머니의 생신파티가 새로 시작되었던 것이다.

그러자 갑자기 내 옆에 앉으신 어머니가 주섬주섬 핸드백 속에서 무언가를 꺼내셨다. 무언가 유심히 보니 비닐 봉지였다.

"뭐예요?"

내가 묻자 어머니는 소녀처럼 호호호 입을 가리고 웃으셨다.

"남은 게 아까워서 그런다. 여기다 남은 것 싸다가 집의 개라도 주려고 그런다."

어머니는 탁자 위에 남은 음식들을 미리 준비했던 비닐 봉지에 주섬주섬 넣기 시작하셨다.

"빨리 먹지 않으면 보이들이 접시째 들고 나가지 않데?"

나는 난처해서 어머니를 쏘아보았다. 이러다가 웨이터라도 들어

오면 어쩔 것인가. 모처럼 만든 이 신성한 파티 의식이 마구잡이 동네잔치로 몰락되어버릴 것이 아니겠는가.

"거참 왜 그러세요. 왜 그렇게 주책 부리시는 거예요?"

내가 소리를 높이자 어머니는 내 목소리를 들은 척도 않고 그러나 마음은 급하고 비닐 봉지에 남은 음식은 잘 들어가지 않고 손은 떨리고 그러시더니 마침내 그 아까운 새 입성에 음식 국물을 조금 흘리셨다.

"아까워라."

혼잣말로 어머니는 치마에 묻은 국물을 냅킨으로 닦으시며 중얼거리셨다.

"옷 버리고 말았네, 호호. 참 내, 난 도둑질은 못하겠어. 손이 떨리고 맘이 떨려서. 호호. 호호호."

나는 담배를 피우며 생각했다.

어머니. 저 어머니의 저런 주책이 우릴 키워 오셨다. 어릴 때부터 어머니는 우리에게 교훈처럼 말씀하셨었다.

"돈 주고 산 것은 남겨서는 안되는 법이야."

맞다. 나는 기억하고 있다. 내가 결혼 전 가끔 어머니의 속옷을 볼 때가 있었는데 그때마다 나는 놀라곤 했었다. 어머니는 형이 입던 혹은 내가 입던 팬티를 그대로 입고 계셨으며 동생이 입던 구멍 숭숭 난 무명 러닝 셔츠를 그대로 입고 계셨다. 늘 우리가 먹다 남긴 찬밥을 배가 부르실 때도 무리해서 모두 드셨으며 그런 후에는 오히려 소화가 안돼 신트림을 꺽꺽 하시곤 했었다.

　우리는, 아니 누구든 어머니의 용의주도한 비닐 봉지를 배워야 할 것이다. 어머니는 파티장에 올 때부터 미리 비닐 봉지를 준비해 오지 않았던가.

　우리의 파티는 주효의 낭비가 없었던 것으로 안다. 왜냐하면 어머니의 생신파티는 우리 살아 있는 인간들의 파티뿐 아니라 집을 지키는 개에게도 파티가 되었을 것이니까.

　어머니.

　파티가 끝나고 엘리베이터를 타고 나오며 나는 생각했다.

　내년 생신파티에는 더 큰 비닐 봉지를 준비해 오세요.

일흔하나

결혼하기 전 어머니는 쥐를 잡을 기회만 있으면 으레 나를 부르셨다. 어느 집이건 쥐가 없는 집은 없을 것이다. 쥐가 많으면 쥐약을 먹음직스런 밥에다 으깨어 쥐가 다니는 길목에 놓아두거나 쥐덫을 놓아 쥐를 죽이는 것이 제격이었으나, 어머니는 유독 집에 쥐가 나타나면 손수 망가진 골프채를 거꾸로 집어들고 쥐를 타살(他殺)하려 드셨다.

그 표정은 고통스럽기보다는 재미있는 일을 한바탕 벌이려는 기쁨에 넘쳐 있는 편이어서 나는 어머니가 '얘야, 쥐 나왔다. 쥐 잡자!' 하고 소리지르실 때마다 조금은 의아해 하곤 했다.

어머니는 동물을 유독 귀여워하는 편인데 쥐를 잡을 때의 그 적의에 찬 얼굴은 참 불가사의할 정도였다.

나는 주로 쥐가 도망가지 못하게 퇴로를 차단하는 역할을 하고 어머니는 막다른 골목에 처한 쥐를 골프채를 휘둘러 죽이는 결정적인 역할을 했는데, 어머니는 백발백중 쥐를 놓치시는 법이 없었다.

그래서 골프채의 끝은 쥐의 원한 맺힌 피로 붉게 물들어 있었으며 비명에 죽은 쥐들의 원혼이 깃들여 있어 나는 그것을 '어머니의 칼〔刀〕'이라고 명명했었다.

일단 죽은 쥐의 시체를 어머니는 부지깽이로 집어서 동네 빈터에 갖다 버리셨는데 어머니는 동물 애호가답지 않게 이 나들이를 어느 정도 즐기시는 편이었다.

"쥐는 나쁜 동물이 아니냐."

어머니의 말씀은 맞다. 쥐는 나쁜 동물이다. 쥐는 병을 퍼뜨리며, 몹쓸 기생충을 퍼뜨리며, 우리가 남긴 음식물을 먹으며, 흉측한 이빨로 우리들의 문지방을 갉고, 아까운 옷에 구멍을 뚫어놓는다.

쥐는 나쁜 동물이다. 그러므로 이제 와서 어머니의 그 용의주도한 쥐 잡기 작전을 비난할 생각은 없다.

내가 기껏해야 쥐의 퇴로를 차단하고 빠져 도망가려는 쥐에 겁을 주는 역할이나 하고 있을 동안에 어머니는 골프채를 높이 치켜세우고 멀리 공을 날리려는 프로골프 선수처럼 도망가는 쥐를 노려보며 서 있다. 일단 쥐가 나타나면 이 무자비한 골프채는 그 본래의 목적을 상실한 채 쥐의 몸을 강타한다. 쥐는 일격에 숨을 거둔다.

며칠 전 나는 생전 처음 내 손으로 쥐를 죽였다.

장마비가 구질구질하게 내리던 일요일이었다. 정확히 말해서 오후 한 시부터 세 시까지 무려 두 시간을 한 마리의 쥐를 죽이기 위해 나는 사투를 벌였다.

무더운 여름철이면 어느 집이건 창문을 활짝활짝 열어놓는다. 아마도 그 열린 문을 통해 한 마리의 쥐가 집 안으로 침입해 들어왔다가 빨리 도망가지 못한 채 집에 갇혀 있었던 모양이었다.

집에서 일을 하는 영숙이라는 아이가 어느 날 청소를 끝내고 이렇게 말을 했었다.

"아줌마, 집에 쥐가 들어왔나 봐요. 서재 바닥에 쥐똥이 있었어요."

우리는 그 말에 별로 신경을 쓰지 않았었다. 쥐가 들어왔다면 언젠가는 도망가버릴 것이다. 내버려두기로 하자.

그날 오후 거실에 앉아 음악을 듣던 나는 소파 밑에 쥐의 꼬리가 어른거리다가 사라지는 것을 보았다.

쥐의 꼬리라면 얼마나 낯익은가. 어머니가 죽였던 그 숱한 쥐꼬리를 보았기 때문만이 아니라 내가 어렸을 때 걸핏하면 학교에서 쥐를 잡는 것을 숙제(?)로 내어주고 그 증거로 꼬리를 잘라 가져오라고 명령하였는데 그 때문에 나는 쥐의 꼬리라면 신물나게 보았다. 가령 학교에서 쥐꼬리 두 개 가져오라고 하면 어머니는 어떻게 해서든 쥐꼬리 두 개를 마련해 주기 위해서 열성적 학부형 노릇을 하셨

옛날에 어머니하고 둘이서 쥐를 잡던 것 생 각   나   세   요   ?

었다.

"쥐 봐라!"

나는 소리를 질렀다.

"어디, 어디요?"

아내가 비명을 지르며 왔다.

"의자 밑에 쥐가 있어."

나는 의자 밑을 가리켰다.

"어머나!"

아내가 발을 굴렀다. 영숙이가 총채를 거머쥐고 소파 밑을 대충 찔러보았는데 쥐는 더 이상 나타나지 않았다. 그래서 일단 쥐에 대한 관심을 철회하기로 우리 부부는 합의하였다.

그런데 그날 밤 안방에서 참외를 깎아 먹고 그 껍질을 문밖에 내어놓은 지 오 분도 안된 사이에 뭔가 문밖에서 사각사각거리는 소리가 들려왔다. 나는 문을 열고 내다보았다. 인기척에 놀란 어떤 물체가 재빨리 도망가버리는 동요가 순간 있었으며 참외 껍질이 마룻바닥에 서너 개 구르고 있었다. 그 껍질에 쥐의 이빨자국이 남아 있었다.

"쥐예요!"

아내가 소리쳤다.

"쥐가 나타났어요."

아내의 목소리는 공습경보를 외치는 잘 훈련된 민방위 대원처럼 절박했다.

"그렇군. 쥐가 나타났군."

나는 중얼거렸다.

"잡아야 해요, 여보. 쥐를 잡아야 해요."

"지금?"

나는 시계를 보았다. 시간은 열두 시가 넘어 있었다.

"내일 잡읍시다. 지금은 시간이 늦었어."

"당신!"

아내가 나를 노려보았다.

"왜 그래요? 쥐가 집을 기어다니고 있는데 뭐가 무서워서 잡을 생각은 안 하고 미루시기만 하는 거예요. 쥐가 집에 병을 퍼뜨리면 어떻게 할 거예요. 아이들 다리나 덥석 문다면 어떻게 해요."

"알겠어."

나는 눈치를 보았다.

"내일 잡겠어. 날이 밝으면 틀림없이 잡겠어. 지금은 밤중이야."

"안돼요. 잡아야 해요."

"내일 잡아."

"당신, 쥐가 무서운 거죠?"

아내는 나를 빤히 노려보았다. 기분 나쁘게. 이 친구야, 쥐라면 신물나게 잡았다. 비록 쥐의 퇴로를 차단하는 엄호 사격뿐이긴 했지만. 하지만 아내의 말은 내 아픈 곳을 찌른 셈이었다. 이 밤중에 어디서 쥐를 잡아 어떻게 죽일 수 있을 것인가. 저 소파 깊숙한 곳에서 날카로운 이빨을 곤두세우고 눈을 반짝거리며 숨어 있는 쥐를 어떻게 내가 죽일 수 있을 것인가. 솔직히 나는 무서웠다.

"무슨 소리야, 그게?"

아픈 점이 찔린 이상 내 말이 고분고분할 리는 없었다.

"당신은 매사가 모두 그래요. 당신은 가장이에요."

"우라질. 쥐와 가장이 무슨 상관이야?"

"왜 상관이 없어요. 내 집에 들어온 쥐는 나쁜 쥐예요. 쫓아내든지 죽이든지 하는 건 당신의 마땅한 의무예요."

"시끄럿!"

다음날 나는 쥐를 잡지 않았다. 대신 창문을 활짝활짝 열어두었다. 나는 쥐가 내 속셈을 알고 열린 창문을 통해 제 발로 나가 주기를 바랐다. 이것은 진정이다.

다음날 밤늦게 집에 들어갔더니 아내는 나를 노골적으로 비웃으며 말했다.

"쥐 잡기 싫어서 늦게 들어오는구나."

나는 화가 났지만 참았다. 하루 종일 문을 열어두었으니 쥐는 필경 도망갔을 것이라고 낙관하면서 나는 꿈속에서 수많은 쥐를 없앴다.

그러나 내 안이한 낙관은 무참히 깨졌다. 새벽녘에 영숙이의 비명소리가 내 잠든 귀를 찔렀다.

"쥐, 쥐 봐라. 쥐!"

결국 한가한 일요일 오후 한 시부터 나는 쥐를 잡기 위해 총채를 거머쥐었다.

장마비가 억수로 쏟아지고 있었다. 총채를 거머쥐고 나서는 동안 내 눈앞으로 골프채를 세워 들으셨던 어머니의 모습이 떠올랐다.

어머니는 혼자 몸으로 우리 형제를 키우셨다. 그러므로 어머니는 여인의 몸으로 손수 쥐를 잡지 않으면 안되었다. 천성이 잔인해서가 아닐 것이다. 누가 대신 잡아줄 사람이 없었으므로.

쥐가 들어 있을 장소는 거실과 식당밖에 없다. 나는 그렇게 추리 하였다. 내 추리에 아내와 영숙이는 타당하다고 머리를 끄덕였다.

영숙이는 쇠꼬챙이를, 나는 총채를 들고 우선 거실부터 훑어 나가기 시작했다. 창문들을 열어놓은 것은 물론이다.

딸애와 아들 녀석은 층계 위에서 아버지의 육백만불 사나이적 무용을 구경하겠다는 듯 숨을 죽이고 지켜보고 있었다. 아내 역시 숨을 죽이고 가장의 솜씨를 가늠해 봐야 직성이 풀리겠다는 듯 노려보고 있었다.

소파를 모두 끌어내었다. 남은 것은 단 하나 피아노 뒷면이었다. 영숙이가 피아노의 우측에서부터 쇠꼬챙이를 찔러오기 시작했다. 나는 조마조마한 심정으로 마룻바닥을 노려보고 서 있었다.

"쥐, 쥐닷!"

순간 영숙이의 고함소리가 벼락을 쳤다.

"엄마!"

아내가 비명을 질렀다. 아이들이 소리를 질렀다.

"쥐, 쥐, 쥐!"

이 말들이 한꺼번에 터져 나왔다. 나는 놀랄 만한 크기의 쥐가 재빠르게 내 쪽으로 돌진해 오는 것을 무아지경 속에서 보았다. 나는 본능적으로 쥐를 마당 쪽으로 쫓기 위해서 팔을 휘둘렀다. 나는 쥐를 죽이려는 마음이 추호도 없었다. 이것은 진실이다.

나는 그저 맥없이 쥐를 쫓아내기 위해 팔을 휘둘렀을 뿐이었다. 그러나 이 바보 같은 쥐는 비 내리는 창 밖으로 나가려 하지는 않고 또다시 피아노 속으로 숨어버리는 것이었다.

우리는 무거운 피아노를 들어 움직여서 사람이 들어갈 수 있는 정도의 공간만큼 벽면에서 떼어놓았다.

그리고 피아노의 뒷면을 훑어 나가기 시작했다. 가엾은 쥐는 피아노 뒷면의 구멍 속에 들어가 있었다.

그야말로 너는 지금 '독 안에 든 쥐'가 아니라 '피아노 구멍 속에 든 쥐'가 아니냐. 날카로운 쇠꼬챙이로 찌른다면 너는 여지없이 죽을 것이다. 그러나 내 어찌 너를 죽일 수 있는가. 나는 무서웠다. 아무리 흉측한 동물이라고 할지라도 너를 죽일 수는 없다. 그만한 용기도 내게는 없는 것이다. 부탁건대 도망가다오. 구멍에서 나와 비오는 마당으로 도망가다오.

"얘야."

나는 나보다 다소 용기가 많은 영숙에게 말했다.

"네가 쫓아봐라."

영숙이가 용기를 내어 구멍을 쑤셨다. 그러자 불쌍한 쥐는 구멍에서 뛰쳐나와 비명을 지르며 거실을 지나 식당으로 도망가버렸다.

난감한 일이었다. 이미 내 얼굴은 땀이 비오듯 흘러내려 젖은 솜처럼 지쳐 있었다.

우리는 우르르 식당으로 달려갔다. 숨어 있을 데라고는 단 한 군데 냉장고 밑부분밖에 없었다.

이미 부상입은 쥐를 더 이상 학대한다는 것은 잔인한 소행이었다.

그러나 어찌할 것인가.

우리는 냉장고 밑을 더듬어 내렸다. 마침내 쥐가 모습을 드러내었다. 쥐는 이어 우리가 굳게 닫은 부엌문틈을 향해 두어 번 머리를 들이밀었다. 그러나 그 굳은 문틈으로 빠져 나가는 것은 불가능한 것이었다. 쥐는 돌아섰다. 이번에는 냉장고 밑으로 또다시 들어가려 하였다. 영숙이가 쇠꼬챙이로 들이쳤다. 맞지는 않았다. 쥐는 우리를 향해 돌진했다.

순간 아내가 내 손에서 총채를 빼앗아 들었다. 그러더니 아내는 마귀의 주문처럼 저주의 고함을 질렀다.

"이 쌔끼, 이 쌔끼야."

아내는 층계를 오르는 쥐의 등을 향해 총채를 휘둘렀다. 아내의 고운 얼굴은 살의에 번뜩이고 핏기가 가셔 있었다. 무서운 적의였다.

"이 쌔끼. 이 쌔끼. 이 쌔끼."

아내는 울부짖었다. 쥐는 용케도 아내의 칼을 피해 또다시 피아노 뒤로 숨어버렸다.

그제야 나는 내가 더 이상 비겁할 수는 없다고 생각했다. 나는 결단을 내렸다. 나는 총채를 빼앗았다. 그리고 피아노의 뒷면을 후려쳤다. 쥐가 나타났다. 쥐는 나를 노려보았다. 두 발을 곤두세우고 쥐는 직립(直立)하였다. 나는 쥐의 몸을 세차게 때렸다.

한 번. 두 번. 세 번.

쥐는 가늘게 경련하며 누웠다.

"어떻게 됐어요, 여보?"

"죽었어."

나는 맥없이 대답했다.

"어디요, 어디?"

영숙이가 피아노 뒤를 흘긋 보았다.

"어머, 죽었어요."

"쥐가 죽었어."

아이들이 내려왔다.

우리는 가만히 마루 위에 죽어 넘어진 쥐의 시체를 보았다. 바로 전까지 뛰어다니던 쥐. 그때까지도 내 손에는 총채에 맞아 부딪히던 쥐의 둔중한 감촉이 남아 있었다.

나는 헐떡이며 땀을 수돗물처럼 흘리면서 서 있었다.

마침내 그토록 오랜 시간을 괴롭히던 쥐를 죽이고야 말았다는 기쁨보다는 이상스런 허탈감 같은 것이 가슴에 모래처럼 쌓여 올랐다.

가장 노릇을 하기 위하여, 아내와 아이들 앞에서 가장의 연기를 하기 위하여 잔인한 살육행위를 저질렀다는 다소 센티멘털한 감정이 나를 씁쓸하게 만들었다.

"내다버려라."

나는 엄숙하게 명령을 내렸다.

"저걸 어떻게 내다버려요?"

영숙이가 낯을 찡그리며 나를 보았다.

"빨리 내다버렷."

영숙이가 쥐를 쇠꼬챙이 위에 얹어서 비 오는 한길 위에 던져버렸다. 아주 힘껏 멀리. 아내는 그제야 쥐를 잡으려고 움직인 의자들을 정리하기 시작했고 활짝 열어두었던 창문을 닫았다.

쥐는 이제 없는 것이다.

우리는 이제 쥐의 공포에서 벗어났다. 쥐는 이제 우리가 잠든 머리맡을 기어다니지 않을 것이며 우리의 문지방을 갉아 내리지 않을 것이다. 쥐는 죽었다. 이것은 진실이다.

그날 오후 내내 나는 기분이 편치 않았다. 나이가 먹을수록 피고 지는 꽃 앞에서도 슬픔을 느끼는 요즈음이다. 설혹 그것이 우리에게 해로운 짐승이라 할지라도 나는 죽이지는 말고 몇 시간이 걸리더라도 마땅히 쫓아내었어야 할 것이다. 살아 있는 생명을 아무리 하찮은 벌레라 할지라도 함부로 죽여서는 안될 것이다.

왜 나는 쥐를 무서워했을까. 나는 마땅히 그를 사랑해야 했을 것이다. 조그만 노력이라도 했어야 했을 것이다. 나를 괴롭힌다 할지라도 나를 해친다 할지라도 나를 깎아 내린다 할지라도 비록 그의 모습이 흉악하다 할지라도 그를 용서해야 했을 것이다. 이것 역시 진실이다.

그날 밤 나는 어머니에게 전화를 걸었다.

"어머니, 오늘 쥐를 잡았어요."

나는 말했다.

"뭐라구?"

갑작스런 내 말에 어머니는 실감이 가지 않으신 듯 큰소리로 되물으셨다.

"오늘 쥐를 잡았어요."

"쥐를? 어디서 말이냐?"

"쥐가요, 집 안에 들어왔었어요."

"저런 망할 놈의 쥐로구나."

어머니는 혀를 차셨다.

"그래 죽였느냐?"

"그럼요. 옛날 솜씨를 발휘했어요."

"무슨 소리야?"

"옛날에 어머니하고 둘이서 쥐를 잡던 것 생각나세요?"

"호호호."

어머니는 한참 만에 웃으셨다.

"그거 다 어머니한테 배운 솜씨 아니에요?"

"징그런 소리 마라."

어머니가 펄쩍 뛰셨다.

"그래 얼마만 하더냐?"

"팔뚝만한 쥐였어요."

"잘했다."

어머니는 단정을 내리셨다.

"잘했어. 고놈의 쥐새끼 잘 죽였다."

왜 어머니는 일흔한 살의 나이면서 지금까지 쥐에 대해서 그토록 무자비한 적의를 가지고 계시는 것일까. 그리고 아내가 쥐를 향해 총채를 내휘두르던 그 무서운 적의는 도대체 어디서 나왔던 것일까.

이제 다만 내가 죽인 쥐에게 비는 것은 전생의 죄를 씻어버리고 좋은 영혼을 얻어 새로이 태어나 주기를 바랄 뿐이다. 이것은 진실이다.

생전 처음 어머니를 모시고 여행을 다녀왔다. 비록 2박3일의 짧은 여행이었지만 어머니한테는 매우 즐거운 여행이었던 것 같다.

어릴 때부터 불효 중에서도 상불효였던 나는 볼일 때문에 부산에 다녀오는 길에 이왕이면 어머니를 모시고 다녀오리라 생각했던 것이다. 일부러 어머니를 위하여 여행 계획을 세울 만치 효성이 지극하지 못한 나로서는 어차피 다녀올 부산 여행길에 어머니를 편승시키면 생색도 나고 남 보기에도 떳떳한 게 아니냐는 약삭빠른 계산이었다.

물론 어머니는 함께 여행을 떠나자는 제의에 틀니가 빠질 정도로 기뻐하셨다.

©KOO

오후 늦게 우리는 용케도 우리가 살던 옛 집을 찾았다.

지금부터 삼십 년 전쯤 어머니는 부산에서 삼 년간 피난생활을 하셨다. 그리고는 초행길이었다. 올해 일흔한 살이신 어머니는 당시 마흔을 갓 넘어선 중년 여인이셨으며 비록 고생 많은 피난생활이긴 했었지만 그래도 그 당시엔 아직 어머니는 예쁘고 주름살 적은 여인이었다.

기차에 타시자마자 어머니는 신경안정제 한 알을 잡수시더니 의자에 몸을 기대고 중얼거리셨다.

"아아, 정말 부산이 삼십 년 만이로구나. 아아…."

나는 홀로 앉아서 내심 이번 여행 중에 어머니와 말다툼하거나 싸우면 죽일 놈이라고 맹세를 거듭하고 있었다. 워낙 성질이 격한 어머니와 성질이 급한 나는 만나면 으레 사소한 일로 다투고 소리지르고 어머니 역시 내 말에 지지 않으려 하셨다. 그래서 어머니는 될 수 있는 대로 나와는 자주 만나는 기회를 피하시는 편이었고 나 역시 어머니와 다툴 만한 화제는 피하려고 했었다. 하지만 삼십 년 만에 먼 피난도읍지(?)를 찾아가는 어머니의 여행길에 행여 내 야비한 신경질이 폭발한다면 나는 죽어도 영락없는 지옥행이라고 다짐다짐하고 있었다.

물론 삼십 년 만에 찾아가는 부산에는 어느 한 곳이라도 어머니에게 옛 모습을 보여줄 수 있는 곳은 없었다.

"부산에 한밤중에 도착했었더란다."

기차에서 내려 개찰구까지 걷는 동안 어머니는 내게 감격 어린 목소리로 말을 걸었다.

"어찌 춥고 어두웠던지 애새끼들은 등에 업혀 울고 너는 용케도 행여 내 손을 놓칠세라 꼬옥 붙잡고 따라왔었니라."

그래.

비록 어린 나이였지만 나 역시 피난생활의 그 악몽 같은 부산을 잊을 수는 없다. 범일동 중국집 이층에 세들어 살던 우리 가족은 그당시에 흔하던 화재로 하룻밤 사이에 변변치 않은 피난살림을 몽땅 잃었었다. 중요한 가재도구는 이층에서 길바닥으로 던졌는데 우리 어린아이들이 그것을 지키려 들면, 구경하던 사람들이 내 손에 안긴 금고를 제것마냥 빼앗아 달아났었다. 내가 소리쳐 울면 빼앗아 도망가던 사내들이 이렇게 소리쳤었다.

"서울내기 다마내기. 맛좋은 고래고기."

우리는 다음날 용당이라는 교외로 이사를 떠났었다. 짐수레에 타다 남은 잿더미를 뒤져 식기를 챙겨 싣고 우리 가족은 수레를 몰고 밀면서 용당으로 가는 산언덕을 넘었었는데 언덕을 넘자 새파란 바다의 수평선이 작두의 칼날처럼 곤두서 있었다.

"바다다!"

앞서 걷던 형이 소리를 질렀었다. 나는 그때 바다를 처음 보았었다. 외항선이 먼 바다에 정박해 있었고 갈매기들이 바다에 모가지를 드리우고 있었다.

나는 이 바닷가 용당에서의 삼 년간을 잊지 못한다. 얼마나 굶주

렸던지 깜부기도 먹고, 바닷속에 헤엄쳐 들어가 바다풀도 먹고, 하다못해 개미들의 꽁무니를 핥아 보면 신맛이 돌고, 어느 날은 거리의 노점에서 사과 한 알을 훔쳤다가 나는 동네 사람들에게 몰매를 맞았었다. 어디 나 하나뿐이었으랴. 그 당시 그 혼란 통에 굶주리지 않은 사람이 어디 나 하나뿐이었으랴.

미국에 가 있는 막내 누나와 나는 좁쌀 한 봉지를 빌려오다가 모래사장에 모두 쏟고는 별들이 무성한 밤하늘을 향해 자꾸 감자만 먹여대던 그 처참한 기억들이 한꺼번에 스쳐 지나갔다.

우선 첫날은 잠을 자고 다음날 어머니와 나는 먼 기억을 더듬어 택시를 타고 용당으로 찾아갔었다. 바다 위엔 나무들이 둥둥 떠 있었고 거대한 목재회사가 옛 마을을 깡그리 까뭉개고 있었다. 도저히 그곳에서 삼십 년 전의 기억을 찾아내기란 불가능한 일처럼 보여졌었다. 내가 뛰어놀던 바닷가 모래사장은 콘크리트 방파제로 바뀌었으며 내가 다니던 초등학교 분교 교사는 흔적조차 없었다.

바닷가를 배경으로 사진 한 장 찍고 나서 어머니께 소리쳤다.

"갑시다, 어머니. 이렇게 변했는데 어디서 옛 집을 찾을 수 있겠습니까, 어머니."

그러나 어머니는 물러서지 않았다. 신선대의 판잣집에 가서 용당에 살던 임(林)씨네 집이 어디에 있는가를 묻고 만나는 사람마다 머리를 흔들어도 어머니는 절대 양보하지 않으셨다. 나는 신경질이 났지만 여행 떠날 때의 맹세를 떠올리며 참고 참으면서 어머니의 느린

걸음을 좇아 세 시간이나 바닷가를 헤매었다. 가을 햇볕은 따가웠으며 무뚝뚝한 부산 사람들은 이렇게 퉁명스럽게 대답했었다.

"무신 소린교. 삼십 년 전이라카믄 옛날 아닌교. 가보이소."

그러나 어머니의 집요한 노력은 마침내 결실을 거두었다.

오후 늦게 우리는 용케도 우리가 살던 옛 집을 찾았다. 낯익은 돌담 아래에 나이 든 할머니 셋이 나란히 앉아 바다를 하염없이 바라보고 있었다. 바로 그 돌담 아래에서 지금은 땅에 묻혀 흰 뼈가 되어 있는 아버지와 나란히 앉아 나는 여러 가지 이야기를 나누었다. 무슨 얘기를 나누었던가는 기억나지 않지만 이 말만은 기억한다.

"너는 이담에 크면 발명가가 되거라."

어머니는 대뜸 그 할머니 중의 한 사람을 붙들더니 이내 엉엉 울기 시작하셨다. 상대편 할머니는 영문을 모르다가 이유야 어쨌든 마주 울기 시작했다.

"아이고, 아직도 살아계시네. 할머니, 절 모르겠습니까?"

"누고, 니가 누고?"

"저는요, 부산 피난 와서 살던 변호사집이에요, 할머니. 아이고 할머니."

나는 아흔세 살의 그 할머니를 쳐다보았다. 이 할머니였던가. 내가 마당의 흙을 파고 놀면 이 할머니는 지팡이를 들고 나를 때리려 들었다. 그 할머니가 일세기를 거친 나이로 이렇게 바닷가 낯익은 돌담 밑에 앉아서 지는 해를 맞고 있다. 삼십 년을 하루처럼.

"니가 맹내가?"

할머니는 나를 쳐다보았다.

"아닙니다."

나는 가는 귀가 먹은 할머니를 향해 소리질렀다.

"나는 둘째입니다."

영화 한 편을 보면서도 한참을 울어야만 직성이 풀리는 어머니는 한꺼번에 많이도 우셨다.

해질 무렵 우리 모자는 옛 집을 떠났다. 어머니는 자꾸자꾸 뒤를 돌아보셨는데 나는 아직 황금의 빛이 부서지고 있는 바닷가를 바라보며 바닷물 위에 씌어졌다 빠르게 사라지는 짧은 글씨를 보았다.

사랑하라.

나는 놀라서 다시 한번 바닷물 속을 들여다보았는데 순간 물 위에 씌어졌던 글씨는 박살이 나서 산산조각 흩어지고 있었다.

ㅅ ㄹ ㅎ

사람이 살다 보면 아주 위험한 고비를 넘길 때가 있다. 몇 년 전 어느 잡지에서 죽을 뻔한 고비를 넘긴 경우를 간단하게 써달라는 부탁을 받고 비록 짧은 세월을 살아온 젊은 녀석으로서 언제 위험한 고비를 넘겼던가 추억을 더듬어 본 적이 있었다.

나는 전혀 우발적으로 죽을 뻔한 고비를 딱 세 번 넘겨본 적이 있었다. 남들처럼 불치의 병에서 회복되어 살아났다는 그런 영웅적인 투병 경험조차 없는 나이지만 내가 비명횡사할 뻔했던 것은 아이러니컬하게도 네 살 때 비롯된다.

좀 지저분한 기억이지만 네 살 때 나는 일본식 적산 가옥에서 살고 있었는데 그만 집의 거대한 분뇨통에 빠져버렸던 것이다. 일본식 분뇨통은 한옥보다 깊고 크게 마련인데 다행히도 며칠 전 청소를 했기 망정이지 그렇지 않으면 그야말로 황금 속에 추락사할 뻔했던 것이다. 밧줄을 내려보내 그 밧줄에 매어달려 살려고 아등바등거리던 나는 죽음과 삶의 곡예에서 용케도 살아남았지만 몇날 며칠을 고약한 냄새를 풍기며 전신이 붓는 독(毒)과 싸워 최초의 끈질긴 승부에서 살아남았다.

두 번째는 고등학교 2학년 때 친구들과 천마산에 등산 갔다가 돈이 떨어져 철길을 따라 집으로 돌아오다 그만 터널 한가운데서 기차를 만난 위기에 봉착했을 때였다. 다행히 터널은 길어 입구에서 우리들의 그림자를 발견한 기차가 간신히 멈춰서는 것으로써 살아남았지만 그 대신 화가 잔뜩 난 화부에 이끌려 의정부서까지 끌려가 엉덩이에 빳다 열 대를 맞는 것으로써 죽음의 검은 그림자를 용케도 벗어날 수 있었다.

세 번째는 문화촌에 살고 있던 누이의 문간방에서 잠자고 있을 때였다. 그 방은 한길과 면해 있고 한길 밖은 버스 종점으로 낮이나 밤이나 버스들이 늘어서 있고, 한겨울이면 엔진 시동이 꺼지지 말라고 한밤중에도 가끔 발동을 걸어놓곤 하던 지역이었다. 새벽녘 나는 곤히 잠들어 있었는데 요란한 굉음소리에 눈을 떠보니 내 머리맡에 버스가 들어와 있었다. 혼비백산, 나는 꿈인가 생시인가 비명을 지르며 팬티바람에 '사람 살려' 거리로 뛰쳐나갔다.

나중에 알게 되었지만 엔진 시동을 걸어놓았던 버스가 제멋대로 굴러 담을 들이받고 담에 연해 있는 방안으로 차체가 부수고 들어온 것이었다. 이쯤 되면 죽을 고비 세 고비를 무사히(?) 넘긴 나로서는 명이 명주실만큼이나 길다고 할 수 있겠는데 문제는 바로 세 번째 고비인 그 마(魔)의 버스들이 아직까지 우리 집안을 괴롭히고 있다는 사실이다.

그 집에 살고 있던 누이가 미국으로 이민을 떠나버리고 형의 가족이 그 집으로 이사를 가서 살고 있는데 그 집에는 내 하나뿐인 노모가 살고 계시는 것에서 이 악마와의 지루한 싸움은 거의 이십 년 동안 우리집과 계속되고 있다 하겠다.

한 달이 멀다 하고 버스가 형의 집 담을 들이받아 장독은 물론 담벼락을 박살내놓는 것이다. 그도 그럴 수밖에 없는 것이 수십 대의 버스를 통금시간이 되면 좁은 공간에 주차하기엔 마땅치 않아 한길까지 불법으로 주차시켜 놓는다. 간혹 엔진 시동을 걸어놓으면 그 소음과 먼지가 인근 주민의 밤잠을 깨우고 버스들은 발정난 짐승처럼 제멋대로 굴러 담을 들이받고, 낮에는 좁은 진입로를 빠져 나가는 버스가 비대한 차체로 자칫하면 언덕의 경사를 굴러내려 눈 깜짝할 사이에 담을 들이받는 아슬아슬한 묘기를 백출해내는 것이다.

올 일흔셋의 우리 어머니는 불의와 부조리에는 참지 못하는 성격의 투사로서, 자신이 한때 변호사의 부인이라는 것을 충분히 인식하고 있는 노인은 분연히 일어나 인근 주민들의 뜻을 모아 대책위원회 회장을 기꺼이 수락하고 이 거대한 버스회사를 상대로 실로 고독하고 처절한 싸움을 벌이기 시작했던 것이다.

어머니의 요구는 한마디로 버스 종점이 주택가에 있는 것은 불법이니 딴 데로 옮기라는 매우 합리적인 주장이었다. 어머니는 주민들을 이끌고 데모를 하기도 하고 밤늦게 버스회사 사장집으로 전화를 걸어 항의하는 소극적인 방법을 구사하기도 했지만 마침내 힘없는 노인으로서는 속수무책이었던지 어느 날 내게 협조를 요청하는 전갈을 보내왔었다.

아마도 둘째 아들인 내가 가끔 신문에도 나오는 명사(?)이니 혹 신문사의 힘을 빌릴 수도 있지 않겠느냐는 판단이 내려진 모양이었다. 그러나 나는 한마디로 어머니의 요구를 묵살하였다. 물론 신문사에 친구도 많이 가지고 있긴 했지만 사사로운 일로 그들에게 부탁할 수는 없다고 마치 청렴결백한 공무원처럼 도망가버렸으니, 사실 나는 귀찮고 쓸데없는 일에 말려들어 가지 않겠다는 개인주의적 사고방식에 익숙해진 비겁한 소시민이었다.

어머니는 각 신문사에 독자의 투고란을 통해 억울한 사정을 진정하기 시작했다. 동아일보, 중앙일보, 조선일보, 한국일보, 경향신문, 서울신문, 어머니는 각 신문사에 보내는 진정서를 써서 필사적인 투쟁을 강행하였는데 그중 단 하나 동아일보에서 어머니의 이 진정을 받아들여 어느 날 기자가 문화촌을 방문해서 주민들에게 의견을 들어본 모양이었다.

며칠 뒤 어머니의 이름은 신문에 나왔다. 손복녀(孫福女), 난생처음 자신의 이름이 신문에 나온 어머니는 희망을 가지고 용기백배하였지만 버스회사는 요지부동, 다만 어머니를 시내에 버스값을 받지 않고 모시는 작은 특혜를 주는 것으로 이 고독한 투쟁의 막은 내려지게 되고 말았다.

어머니는 마침내 그 숱한 유혹에도 굴복하지 않던 이사의 결정을 단행하셔서 10월쯤 형의 의견대로 아파트로 이사를 떠날 단안을 내리셨다.

지금은 만날 수 없는 큰누이의 내외가 심어놓은 그 배나무와 향나무, 철따라 피는 장미꽃과 목단, 그 아름다운 꽃나무가 무성한 문화촌 주택을 벗어나고 싶다는 어머니의 결심은 솔직히 그 철근 콘크리트의 아파트가 좋아서라기보다는 그 지긋지긋한 철제의 마물과의 싸움에서 더 버티어 나갈 수 없는 힘의 한계를 느낀 때문일 것이다.

문화촌의 그 집은 큰누이의 내외가 살면서부터 꼬박 이십이 년간 어머니의 보금자리이며 고향이셨다. 만사 고달픈 일이 있으면 큰누이를 찾아 한을 풀던 일종의 고해의 장소이며 성역이었다.

그 성역을 어머니는 떠날 결정을 내리셨다. 한 달이 멀다 하고 담을 부서뜨리는 버스의 횡포. 내가 일찍이 그 집 방에서 아닌 밤중에 홍두깨 격으로 비명횡사할 뻔했던 순간부터 비롯된 위기의 역사는 마침내 아슬아슬하게 큰 피해 없이 막을 닫게 되는 것이다.

하지만 어머니의 마음에 깃든 깊은 상처는 영원히 지워지지 않을 것이다.

그 지긋지긋한 버스의 엔진 소리, 고약한 휘발유 냄새, 먼지, 거친 종업원들의 고함소리, 담벼락을 들이받는 충격, 그 거대한 메커니즘과 싸우던 어머니의 가슴속에 새겨진 상처는 어쩔 셈인가.

어제 저녁은 돌아가신 아버지의 제삿날이어서 모처럼 가족들이 모두 모였었다. 제사가 끝나고 어머니는 슬며시 밖으로 나가셨다. 아무래도 돌아오지 않아 내가 나가 보자 어머니는 그 회사의 배차계장을 찾고 계셨다. 혹시 있다면 함께 음식이라도 들자고 하실 생각이었다는 것이다. 어머니는 어느 틈에 그들과 정이 든 것이 아닐까.

형에게서 전화가 걸려온 것은 이른 새벽이었다. 나는 마침 원고를 쓰느라고 두 시까지 꼬박 원고에 매달려 있었고, 겨우 두 시에야 원고를 끝마칠 수 있었지만 신경이 예민해져서 몸은 솜처럼 피곤했으나 머리는 바늘처럼 예민하게 곤두서 있었다. 간신히 위스키 두 잔을 마시고서야 잠이 들었는데, 그 잠을 깨운 것이 바로 형의 전화였다. 나는 투덜거리며 전화를 받았다.

"미안하다."

형은 목쉰 소리로 그렇게 입을 열었다.

"곤하게 잠자는 것을 깨워서 말이다."

같은 도시에, 그것도 십 분 거리에 살고 있으면서도 형과 나는 자주 만날 수 없었다. 전에는 일요일이면 함께 운동도 하곤 해서 형제끼리의 우의를 나누곤 했었지만, 요즈음은 통 만나지 못했었다. 형은 형대로 업무에 쫓기고 나는 나대로 원고와 정신적인 압박감에 시달리고 있었다.

"무슨 일이오?"

"또 터졌다."

형은 짜증난 목소리로 말을 받았다.

"왜요. 무슨 일이 있었어요?"

"무슨 일이 있긴, 너두 어머니 성격을 잘 알지 않느냐. 무슨 일이 있어서 터지는 분이냐. 요즈음 며칠 잠잠하시더니 또 속을 끓이신다. 온 집안이 난리다."

형은 길게 한숨을 쉬었다.

"병원에서 준 약을 꼬박꼬박 먹습니까?"

나 역시 짜증난 목소리로 하품을 베어물면서 시큰둥하게 물었다. 작년 겨울 어머니는 병원에 입원하시는 것이 소원이라고 입버릇처럼 말씀하셨다. 언제부터인가 어머니는 누구의 부축 없이는 걷지 못하셨다. 몇 년 전 미국에 다녀오실 때 다락에서 선풍기를 꺼내시다가 넘어져 척추를 몹시 다친 것이 재발된 모양이라고 의사는 진단을 내렸다. 몹시 심한 말더듬이처럼 첫발만 내디디면 대여섯 발짝은 이어 걸으시다가도 다시 서버리곤 했었다. 누구의 부축 없이는 꼼짝도 못하셨다.

휠체어를 사다 드렸지만 어머니는 휠체어를 타고 다니시지는 않았다. 남 보기가 부끄럽고 창피하다고 해서 내가 업으려 해도 막무가내로 걷기만을 고집하셨다. 어쩌다 어머니를 모시고 외출을 할 때가 있었는데 나는 어머니를 부축하고 걷는 것이 은근히 부아가 나고 창피스러워서 모른 체 외면해버리고 아내에게 맡겨버리곤 했다.

나는 어머니가 걷지 못하시는 것이 신체적인 증상 때문이 아니라 마음의 증상 때문이라고 굳게 믿고 있었다. 어머니는 어떻게든 주위의 관심을 자신에게 집중시키려 하고 있었으므로 그 마음이 신체적 증상으로 나타나 보행을 제대로 못하는 병에 이르렀다고 나는 분석을 하고 있었다. 그렇게 마음먹은 것이 나 자신을 위로할 수 있었다. 어머니가 나이 드셔서 마침내 두 다리를 제대로 못 쓰게 되리 만큼 노화되었다고 생각하기는 싫었다. 어머니는 멀쩡한 두 다리를 가지고 있으면서도 단지 우리들의 관심을 끌기 위해 두 다리에 마비가 왔다고 나는 애써 믿고 있었다.

그래서 어떨 때 어머니를 부축하다 보면 어머니의 교활한 계산에 내가 말려드는 것 같은 억울한 분노가 치밀어 나도 모르게 거칠게 어머니를 다룰 때가 있었는데, 그럴 때면 어머니는 주위 사람들이 들으라는 듯 아야야 아야야 하고 비명을 지르곤 하셨다.

"넌 날 성한 사람 취급하냐? 어쩌면 그렇게도 막 다루냐, 다루긴."

지난 겨울 병원에 입원했을 때 어머니를 진찰했던 내과 의사는 우리들에게 이렇게 말했다.

"정신과 병동으로 옮기셔야겠습니다. 노인성 히스테리가 심합니다. 주위 사람들이 괴롭겠습니다. 저런 증상은 끊임없이 주위 사람들을 의심하고 괴롭히게 마련입니다. 저런 분을 간호하다간 주위 사람들도 히스테리가 되기 쉽습니다. 거짓말 같지만 히스테리도 전염되니까요."

어머니를 정신과 병동으로 옮기고 나서 나는 기분이 우울했다. 아무리 일흔네 살의 노인이라곤 하지만 어머니를 정신과 병동에 입원시킨다는 것은 불쾌한 일이었다.

그러나 막상 본인은 별로 그렇게 느끼는 것 같지도 않았고 세 사람이 함께 쓰는 병동에서 어느 틈에 어머니는 함께 들어 있는 젊은 여인과 중년 여인을 휘어잡고 대장 노릇을 하고 계셨다.

어머니를 찾아 정신과 병동으로 가는데 무심코 엘리베이터 걸에게 7층 가자고 말했더니 소녀는 이렇게 대답했다.

"7층에서는 엘리베이터가 서지 않아요."

"어째서?"

"거긴 정신과 병동이니까요. 한 층 걸어 내려가야 합니다."

엘리베이터에 탔던 사람들이 모두 나를 주시하고 있었다. 정신과 병동으로 찾아가는 나를 아주 정신병자 취급하듯이.

나는 울컥하는 수치와 굴욕을 함께 느끼며 8층에서 계단을 내려 정신과 병동으로 들어갔는데 복도에 들어서자 그 병동이 다른 병동과 다른 분위기를 갖고 있다는 것을 느낄 수 있었다.

눈에 초점이 흐린 환자들이 복도를 느릿느릿 걷고 있었다. 그들의 얼굴에는 표정이 없었으며 낯빛은 백지장처럼 희고 신경안정제의 장복으로 살들이 쪄서 부종 환자들처럼 보였다. 너무 천천히 걷고 있어서 마치 우리에 갇힌 열대동물처럼 보였다.

어머니는 의외로 건강하고 명랑해서 또렷또렷한 얼굴로 나를 맞아 주셨다. 아마도 아들이 글을 쓰는 사람이라는 것을 벌써 소문내셨는지 같은 방을 쓰는 환자들이 나를 흥미롭게 보았고 두 명의 환자들이 내게 와서 종이와 펜을 내어밀고 사인을 해달라고 독촉했다. 둘 다 젊은 여인들이었는데 행동이 느릿느릿하고 나사가 빠져버린 모습들이었다.

한 방을 쓰는 중년 여인이 내 곁으로 다가오며 수다를 떨기 시작했다.

"아이구, 할머니 아드님이신가? 뭐하시는 분인가? 아이구."

다른 침대엔 젊은 여인이 누워서 나를 말똥말똥한 눈으로 쳐다보고 있었다. 미리 문병을 했던 아내에게 들었던 대로 시집간 지 1주일 만에 입원한 환자라는 것을 나는 첫눈에 알아차렸다.

"괜찮아요?"

내가 밑도끝도없이 퉁명스럽게 묻자 어머니는 대답하셨다.

"괜찮고 말고."

늘어진 환자복 사이로 어머니의 커다란 유방이 엿보였다. 어머니는 키는 작으셨지만 유방만은 제법 컸다. 내가 그 유방 끝에 매달린 젖꼭지를 빨고 자랐다는 것을 생각하면 저처럼 함부로 환자복을 흩트리고 자신의 치부를 드러내는 어머니가, 나이답지 않게 음탕하고 추악한 정욕을 아직까지 갖고 있는 것이 아닌가 하는 혐오감을 느끼곤 했었다. 실제로 자신의 성기가 늘어지고 닭벼슬처럼 처졌다고 내게 말하고는 몹시 운 적이 있었다. 어머니는 일 분에 열 번 울고 열 번 웃을 수 있는 천재적인 연기력을 가진 배우였다.

"하지만 이 밑구멍으로 아홉 명이나 빼어냈으니 그럴만두 하지."

울다가 어머니는 이내 웃으시며 그렇게 말했다. 그러다가 또 울었다.

"아이구 망할 놈의 영감, 이리 죽어 가지구 나를 이처럼 지긋지긋하게 고생시키다니. 아이구 아이구."

그러다가 어머니는 정색을 하고 나를 보며 말씀하셨다.

"내가 보여줄 것이니 보겠니. 늙으니까 털두 다 없어지구."

어머니는 당장에라도 보여줄 듯이 허리띠를 푸셨다. 나는 신경질을 부렸다.

"제발 그만 좀 하세요, 제발."

어머니는 내가 보는 앞에서 침대에 요강을 들고 올라가 오줌을 누었다. 나는, 내가 오면 어머니가 버릇처럼 오줌을 눈다는 것을 잘 알고 있었다. 어머니의 흰 엉덩이가 늙은 호박처럼 보였다.

"선생님 좀 만났니?"

"아뇨."

"만나라. 네가 오면 만나겠다고 하니까."

"알겠어요."

나는 아래층으로 내려가 담당 의사를 만났다. 그는 매우 젊은 의사였다.

"애쓰셨습니다. 저두 늙은 부모를 모시고 있지만 사실 여간 어려운 일이 아니니까요."

"전 맏아들이 아닙니다. 전 둘째 아들입니다."

"알고 있습니다. 피장파장이지요. 하지만 직접 모시고 사는 분은 고통이 열 배나 더한 법이지요. 잘 아시겠지만 어머니는 노인성 히스테리 환잡니다."

"노망이 드셨나요?"

"아직 그런 단계는 아니지요. 차라리 노인들은 노망이 들면 본인 자신은 행복하고 편안합니다. 하루에 한 번 인터뷰를 하는데 보통 할머니가 아니더군요. 머리가 너무 좋아요. 어떨 땐 천연덕스럽게 거짓말도 합니다. 자칫하다간 저희들이 희롱당하는 것 같은 느낌을 받곤 하지요."

"맞습니다."

나는 웃었다.

"주의하세요, 선생님. 어머니는 명연기자이기 때문에 선생님을 조롱할지 모릅니다. 선생님을 속이고 그 속아넘어가는 것을 보며 즐

죽음이 어머니를 괴롭히듯 어머니는 우리들을 괴롭히고 있다.

거워할지도 모릅니다. 이런 말은 하지 않던가요. 며느리들이 제대로 먹을 것을 주지 않는다. 큰아들, 작은아들 둘 다 자가용을 가지고 있으면서도 일년이 넘도록 여행 한번 시켜 주지 않는다…."

"…알고 계시는군요. 그래서 말인데요, 두 아드님이 번갈아 한 달에 한 번씩 여행을 시켜 보시는 게 어떨까요?"

"선생님은 속으셨습니다. 저희들은 자주 어머니를 모시고 여행을 해요."

"허허, 참."

의사는 입맛을 쩝쩝 다셨다.

어쨌든 일 주일에 한 번은 어머니에게 들러 이런 얘기 저런 얘기를 나누겠다는 약속을 하고 나는 병동으로 올라왔다.

내게 수다를 떨던 중년 여인은 이불을 뒤집어쓰고 울고 있었다.

"할머니가, 할머니가 그럴 줄 몰랐어요."

중년 여인이 흐느껴 울며 그렇게 말했다.

"난 할머니가 내 이야기를 듣고 늘 웃으시길래 즐거워서 그러시는 줄 알고 떠들었는데… 너무하세요, 할머니. 할머니."

어머니는 어느 틈에 담당 간호사에게 질이 낮고 시끄러운 환자와 함께 있으니 불편해서 못 견디겠다, 방을 옮겨 주든지 저 여인을 딴 방으로 옮겨 달라고 고자질을 한 모양이었다. 어머니는 들은 척도 않고 침대에 앉아 있었다.

"썩어져 죽을 년."

어머니는 나를 가까이 오라고 손짓한 다음 내 귀에 입을 들이대고 속삭이셨다.

"저년은 쌍년이야. 시끄럽고 입만 열면 더러운 이야기만 한다. 저년은 썩어져 죽을 년이다."

증오심, 어머니의 증오심. 어머니의 끝간 데를 모르는 증오심. 아아, 어머니의 증오심. 그 날이 서고 시퍼런 독을 품고 있는 증오심. 내 가슴속에도 들어 있는 증오심. 그것을 확인할 때마다 이것은 다름아닌 어머니에게서 물려받은 것이라는 비애가 들고, 그것을 확인할 때마다 자신에게 침을 뱉고 싶은 절망감.

나는 온 병동이 떠나라고 소리를 질렀다.

"제발 조용히 좀 하세요."

그 일이 있고 나서 어머니는 하루에 한 번씩 병원에서 주는 약봉지를 비우셨다. 나는 그 약이 고단위의 신경안정제인 줄 알고 있었다. 그 약을 먹으면 어머니는 양순해지셨으며, 몇 시간이고 코를 골고 주무셨다.

"약이야 꼬박꼬박 드신다."

형은 맥풀린 소리로 대답했다.

"하지만 약이 무슨 소용있니. 저렇게 속을 끓이시는데."

"도대체 무슨 일이십니까?"

"파출부 아줌마가 계란을 훔쳐먹었다고 야단이다. 냉장고에 분명히 계란이 열두 개 들어 있었는데 두 개가 없어졌다고 야단이시다.

파출부 아줌마가 필경 훔쳐먹었다고 그러신다. 그까짓 계란 두 개가 무슨 소용이냐고 해도 저 모양이다. 너도 어머니의 성질을 잘 알고 있지 않느냐. 파출부도 울고불고 당장 나가겠다고 보따리를 싸는 걸 내가 간신히 말렸다. 너두 알다시피 저 파출부마저 나가면 어머니 비위를 맞출 사람은 구하지 못한다."

그건 사실이었다.

형 집에 들어오는 가정부나 파출부는 어머니 등쌀에 한 달을 채우지 못하고 쫓겨나곤 했었다. 어머니는 트집을 잡는 데 명수였다. 밥을 많이 먹으면 먹는다고 트집이었고, 손버릇이 나쁘다고 억지를 부렸다. 당신이 쓰시는 밀크로션을 찍어 바른다고 야단이셨고, 시외전화를 함부로 쓴다고 야단을 치셨다. 어떤 아이는 엉덩이가 너무 크고 젖가슴이 너무 크니 후레자식이라고 트집을 잡았으며, 어떤 파출부는 퇴근할 때 뭘 훔쳐간다고 당신이 직접 몸수색을 한 적도 있을 정도였다. 지금 형 집에 있는 파출부는 성격도 무던하고 어머니의 비위도 설렁설렁 맞출 줄 아는 비윗장 좋은 성격을 가지고 있었다.

"그래서 말인데…."

형은 조심스럽게 말을 꺼냈다.

"네가 어머니를 모시고 어디 교외에 바람이나 쐬고 오려무나. 난 지금 회사에 출근하는 길이고 시간이 없지만 넌 짬을 낼 수 있지 않느냐."

"형, 저두 바빠요. 죽을 맛입니다. 원고가 밀렸어요."

"서로 협조해서 살자, 이 쌔끼야."

형은 농담식으로 말했다. 그는 지치고 목쉰 소리로 웃었다.

"하다못해 도봉산이든지 우이동이든지 아니면 신륵사라도 갔다 오려무나. 그래야만 속이 가라앉을 것이다."

형은 전화를 끊었다.

나는 끊긴 잠을 잇느라고 다시 눈을 감았다. 잠은 이미 맥이 끊겨 있었다. 나는 무거운 몸을 일으켜서 세수를 하고 이를 닦았다.

우라질. 나는 투덜거렸다. 어머니는 우리를 괴롭히고 있다. 언제 던가, 나는 어머니가 촛불을 켜들고 기도를 하는 것을 우연히 본 적이 있었다. 어머니는 독실한 가톨릭 신자였다. 다리가 아프신 뒤로는 일요일마다 성당을 못 가는 대신 누굴 시켜서라도 성수를 가져오게 하고서야 마음을 놓는 신도였다.

어머니의 영세명은 안나였다. 어머니는 촛불을 켜들고 버릇처럼 묵주신공을 외우고 있었다. 참으로 되어먹지 못한 기도였다. 저 끝 간 데를 모르는 질시와 의심, 증오와 적의를 갖고 있는 어머니가 왜 저토록 성모님의 은총을 갈구하고 계시는 것일까. 나는 어머니의 머리맡에 놓여져 있는 작은 책자를 들여다보았다. 거기엔 다음과 같이 씌어져 있었다.

"천주의 성모마리아여. 이제와 우리 죽을 때에 우리 죄인을 위하여 빌으소서."

활자로 인쇄된 그 글씨는 어머니처럼 나이 들고 늙은 분들에게만 나눠주는 책자인 모양이었다.

죽음이 어머니를 괴롭히듯 어머니는 우리들을 괴롭히고 있다. 아아, 우라질 우라질.

나는 늦은 아침을 먹고 어머니가 계신 큰집으로 갔다. 아파트의 문을 두드리자 잠을 설쳐 부석부석한 얼굴로 형수가 나왔다. 집안이 한바탕 격전을 치른 뒤에 느껴질 수 있는 우울한 분위기로 가라앉아 있었다. 두 아이는 이미 학교에 갔고 이제 조금 있으면 유치원에 들어갈 아이 하나만 소파에 앉아 있었는데 어른들의 무거운 분위기에 전염된 듯 계집아이도 나를 말똥말똥 쳐다보고만 있었다.

"야단이다. 아이들의 성격도 문제다. 어머니 때문에 아이들도 명랑하지 않고 비사교적인 성격으로 변하고 있다. 어쩌면 좋으냐. 아이들조차도 할머니를 미워하고 있으니."

언젠가 한탄 비슷이 형이 내게 했던 말을 나는 기억하고 있다. 어머니는 집에 아이들 친구가 오는 것도 좋아하지 않았다. 그들은 마루를 구르며 시끄럽게 굴며 장난감을 훔쳐간다고 의심하고 있었다. 아직 어린 나이 때, 아이들은 어머니의 만만한 분풀이 대상이었다. 아이들이 사리를 분별할 만큼 커지자 아이들은 각자 제 방에 틀어박혀 될 수 있는 대로 할머니와 마주치는 것을 피하고 있었다. 자연 집안 분위기는 활기에 차고 명랑한 것이 아니라 침울하고 침몰한 배처럼 무겁게 가라앉을 수밖에 없었다.

"어떻게 됐습니까?"

나는 형수에게 물었다.

"여전히 뿔났습니까?"

나는 짐짓 아무렇지도 않게 머리에 두 손가락을 세워 뿔 모양을 만들어 보였다.

"들어가 보세요. 누워 계시니까."

"어머니."

나는 엄살 반, 불평 반, 애교 반의 소리를 지르며 거실 위로 올라섰다.

"제가 왔습니다. 둘째 아들이 왔습니다. 핫하하."

어머니는 침대 위에 등을 보이고 누워 있었다. 쑥 냄새가 났다. 아마도 쑥찜을 하고 계셨던 모양이었다. 머리맡에 물그릇이 놓여 있었는데 그 속에 틀니가 포르말린 속에 잠겨 있는 개구리처럼 들어 있었다.

"으하으핫하. 오마니 무어가 어드르케 되었습네까?"

어머니는 실쭉 웃으며 나를 돌아보며 말했다.

"미친 자식."

어머니는 입술에 엷은 립스틱을 바르고 있었다. 얼굴에 분도 바른 모양이었다. 미국에 누이를 만나러 다녀오신 후 어머니는 늘 매니큐어도 바르고 립스틱도 발랐다. 처음엔 신기했지만 날이 갈수록 화장을 한 어머니의 얼굴은 어딘지 기괴하고 추악한 느낌을 불러일으키고 있었다.

"무에 화가 난다고 속을 끓이십네까, 오마니. 누가 쳐죽일 놈입니까."

"시끄럽다."

갑자기 어머니는 준비해 두었던 것처럼 울기 시작했다.

"아이고, 빨리 죽어야지. 죽어야지. 이처럼 괄시당하다간, 차라리 죽는 게 낫지. 아이고…."

"이러지 마시라요, 오마니. 죽긴 와 죽습네까. 일어나십시다레."

"일어나면?"

"바람이나 쐬고 오십시다레 젠장."

어머니는 갑자기 환하게 웃었다.

"울다가 웃으면 똥구멍에 털난다는 걸 모르십네까."

"미친 자식."

어머니는 침대에서 무릎으로 기어 내려왔다. 어머니는 언제부터인가 방안을 무릎으로 기어다녔다. 그럴 때 어머니는 살의를 품은 짐승처럼 보였다. 네 발로 기는 것은 분명히 사람의 행동이 아니었다. 어머니는 차츰 인성(人性)은 없어지고 본능적인 수성(獸性)만 남은 것일까.

젊었을 때부터 어머니는 여름이건 겨울이건 옷을 몹시 껴입는 버릇을 가지고 있었다. 어머니는 치마 속에 다섯 개의 내의와 바지, 위에 세 개의 스웨터와 저고리를 걸치고서야 일어섰다. 어머니는 털실

뭉치처럼 보였다. 그 경황에도 어머니는 화사한 분홍빛 한복을 차려 입고 있었다.

아! 그렇지.

나는 어머니의 화사한 한복을 보고서야 새삼스레 느꼈다.

아! 벌써 봄이지.

계절의 감각을 잊은 지가 오래였다. 나날의 일상생활에 정신없이 뛰다 보면 세월은 물처럼 흘러가고 계절은 바람처럼 흘러갔다.

며칠 전, 시내에 나가다가 차 속에서 한남동 단국대학 담 너머로 개나리가 드문드문 피어 있는 것을 보고는 '아! 봄이 왔구나' 하는 느낌을 받은 것이 고작이었다.

나는 어머니를 부축해서 아파트 계단을 내려왔다. 어머니는 며칠 새에 더욱 다리를 못 쓰고 계셨다. 이러다간 마침내 앉은뱅이가 되 어버리는 것이 아닐까. 잔소리, 앉은뱅이의 잔소리는 살아 있는 인 간의 목소리가 아니다. 그것은 악마의 소리다.

"어디로 갈까."

어머니는 차 속에 앉으시고서야 의기양양하게 웃었다. 그 웃음은 자신의 작전이 맞아들어갔을 때 저절로 나오는 쾌심의 미소 같은 것 이었다. 우리는 이 교활한 노인의 작전에 멋있게 말려들었다. 바깥 바람을 쐬고 싶을 때 어머니는 집안을 들들 볶아대셨다. 그것은 치 밀한 계산에서 우러나온 연극이었다.

"신륵사로 가십시다."

"신륵사, 그게 어디냐?"

"나도 모르겠습니다."

"비가 오는데 괜찮겠니?"

그래 비가 오고 있었다. 굵은 비는 아니었다. 발이 가는 세우(細雨)였다. 차창에 빗방울이 점점으로 맺히고 있었다. 온 대지는 촉촉하게 젖고 시야는 뽀오얀 봄기운으로 서서히 피어오르고 있었다. 고속도로로 들어서자 산천은 완연히 봄의 옷을 입고 있었다. 아직 초록의 빛은 보이지 않으나 먼산에 드문드문 노오란 개나리의 꽃들이 엉켜 있는 것이 보였고, 온 산야는 꼭 집어 말할 수 없는 부드러움과 생의 충만함, 죽은 자들 위에서 마악 살아 일어서려는 생명의 기지개, 그들의 합창소리 같은 것이 어우러져 이상야릇한 요기를 뿜고 있었다. 그 위를 봄비가 촉촉이 내려 적시고 있었다. 한 마장을 걸어도 옷 속으로 스며들 비는 아니었고, 안개보다도 섬세한 빗방울은 참빗처럼 지난 겨울 동안 헝클어지고 때묻은 대지의 숲과 나무들의 머리칼을 감고 그것을 정성들여 빗질하고 있었다. 햇빛은 없었지만 온 누리는 부드러운 빛이 어디서부터인지 뚜렷한 방향도 없이 스며들어와 딱딱해진 대지는 부드러운 미소로 화해하고 실뿌리를 적시며 시들었던 나무들과 풀들은 반짝반짝 눈을 뜨고 있었다. 풀들은 모두 긴장한 신병들의 계급장처럼 빛나고 있었다.

어쨌든 어머니의 치밀한 작전에 말려들어 교외로 빠져 나가는 것도 그처럼 억울하게 느껴지지는 않았다. 어머니만 아니었다면 나는 한낮이 기울 때까지 밀린 잠을 보충하느라고 이불을 뒤집어쓰고 있었을 것이다. 어머니의 엄살과 온 집안을 괴롭혔던 격전 뒤에 억지 춘향 격으로 떠나는 모처럼의 여행은 제법 봄을 맞으러 찾아가는 기쁨마저 불러일으키고 있었다.

"어머니."

나는 뭔가 한마디쯤 해야겠다고 생각했다. 그냥 넘어가서는 안된다고 생각했다. 그렇게 되면 고질적인 버릇이 될 것이다.

"도대체 왜 이러십니까. 좀 느긋하게 마음을 먹고 지낼 수는 없겠어요. 어머니 때문에 온 집안이 뒤숭숭합니다."

어머니는 대꾸도 않고 차창 밖을 내다보고 있었다.

"어머니처럼 행복한 분이 어디 있습니까. 다리가 좀 아프실 뿐 건강하시고, 우리들 모두 밥벌이 잘하고 있지 않습니까. 여행을 하고 싶으면 이런 식으로 하지 않으셔도 되지 않습니까. 미리 나 여행 좀 시켜다오, 하시면 누가 안된다고 펄펄 뜁니까. 왜 어머니는 며칠에 한 번씩은 집에 분란을 일으킵니까. 계란 두 개가 뭐 어때서 그러십니까. 훔쳐가지도 않았겠지만 설혹 훔쳐갔다고 한들 그게 뭐 대숩니까. 그저 가만히 앉아서 시어머니 대접만 받으세요."

"썩어 죽을 녀석."

갑자기 어머니는 나를 쳐다보았다. 그러나 어머니는 입에 미소를 띄우고 계셨다.

"네놈두 언젠가는 나처럼 된다. 너두 니 쌔끼가 귀엽지? 다혜랑

도단이랑 귀엽지? 나두 너희들을 그렇게 키웠다. 너희들이 나를 원망한다면 내 나이가 되어 봐라."

어머니 나이가 되어도 전 그렇지 않을 자신이 있어요, 나는 대답하려다가 겨우 말끝을 막았다. 그건 사실 자신없는 대답이었기 때문이었다.

"사랑은 내리사랑인 법이야, 이 쌔끼야. 절대로 사랑은 올라가는 사랑이 아니다."

나는 할말이 없었다.

"나두 괴롭다. 왜 이렇게 죽는 게 힘이 드냐. 무섭고 무섭다. 난 가끔 내가 관 속에 묻혀 있는 걸 생각하면 겁이 난다. 얼마나 답답하겠니, 그 속은…"

"어머니는 백 살까지 사실 거예요."

"썩어 죽을 녀석. 이처럼 아프고 하루가 괴로운데. 아이고 싫다. 천 살까지 살래도 난 싫어. 난 그저 편안히 죽었으면 싶다. 어느 날 잠자다 내가 죽은 걸 모르게 죽었으면 싶다."

그러나 나는 안다. 어머니는 말로만 그러할 뿐 누구보다 자신의 생명에 애착이 강한 것을. 심지어 어머니는 사레 잘못 들려 숨이 넘어가는 것이 우려돼 언제나 손이 닿는 곳에 자리끼를 놓고 계시며, 가끔 우황청심환을 심장이 뛴다고 씹어 삼키신다. 진짠지 가짠지 모르나 곰의 쓸개는 구할 수 없으니까 돼지 쓸개를 구해 물에 타서 잡수실 정도다. 어머니는 누구보다 개를 귀여워하시는 편인데, 아파트로 이사올 무렵 몸소 아침마다 밥을 주던 개를 동네 사람을 시켜 잡게 한 후 그것을 탕으로 해서 잡수실 정도다. 집 식구들은 기분이 언짢아서 외면했지만 어머니는 상하지 않게 냉장고에 두시고는 사흘 만에 '해피'라고 불리던 개의 몸뚱어리를 모두 씹어 삼키셨다. 어머니의 자비는 위선이며, 어머니가 개에게 베푸는 사랑은 오직 이기주의에 불과한 것이라는 것을 나는 잘 안다. 아무리 그렇다 하더라도 자신이 키우던 개의 고기를 씹고 국물을 삼키는 어머니의 뻔뻔함은 불쾌하고 섬뜩한 느낌을 불러일으키고 있었다. 나는 그 일이 있은 뒤 어머니에게 빈정거리며 말했었다.

"개고기를 드셨더니 어떻습니까. 기운이 납니까. 어휴 얼굴 좀 보게. 화색이 도시네."

어머니는 치사하게 자신의 죽음을 무기로 우리들을 위협하고 협박하고 있는 것이다.

어릴 때 어쩌다 친구들과 싸우다 지게 되면 코피를 손바닥 같은 데 묻혀들고 나는 덤벼들곤 했었다. 그러면 키 큰 놈들도 기가 죽어 슬슬 뒷걸음질치곤 했었다. 그것은 피가 주는 이상한 공포감에 지레 질려버리는 약점 때문일 것이다. 어머니는 마찬가지로 비겁하게 자신의 죽음을 손바닥에 묻혀들고, 전후 길거리에서 손에 흙칠을 하고 동냥을 조르던 양아치들처럼 우리를 겁주고 있는 것이다. 그때 우리가 동냥을 하는 것은 진심에서 우러나온 것이 아니라 마지못해서, 공포에 질려, 피곤해서 행하는 일종의 도피인 셈이었다.

차는 한 시간 남짓 달려 여주 시내를 지나 신륵사에 도달하였다.

마침 준비했던 우산이 하나밖에 없었으므로 나는 한 손으로는 우산을 받쳐들고 한 손으로는 어머니를 부축하고 제법 효자처럼 절 문을 지나 뜨락으로 들어섰다.

어디선가 향 냄새가 풍겨왔다. 목탁 소리도 청아하게 들려왔다. 그러나 절은 텅 비어 있었다. 그 흔한 관광객들도 평일이고 거기에 비까지 내린 터라 전혀 찾아볼 수 없었다.

절 앞으로 큰 강이 완만한 곡선을 그리며 흘러가고 있었다. 가는 빗줄기는 강 위를 부드럽게 두드리고 있었다. 그것은 마치 큰 북을 두드리는 북채처럼 보였다. 도시에서 볼 수 없는 꽃들이 절 뜨락에 조금씩 움트고 있었다. 절 마당은 막 울다 울음을 그치고 잠든 아이의 얼굴처럼 질펀히 젖어 있었지만 정갈해 보였다. 가사를 입은 중이 비를 피해 절의 추녀 밑을 따라 종종걸음으로 뛰어가고 있었다.

우산 위를 두드리는 가는 봄비가 그처럼 정다울 수 없었다. 우산을 타고 흐르는 빗물이 우산의 살마다 맺혀서 떨어질 듯 좀처럼 떨어지지 않았다.

"봐라."

대웅전 계단을 위태롭게 걸어가던 어머니가 발길을 멈추고 늘어진 벚나무의 가지 끝을 가리켰다.

"봄이다. 봄이 왔다. 싹이 움트고 있다."

나는 어머니가 가리킨 손끝을 바라보았다. 어머니의 말대로 늘어진 가지 끝에 새파란 새순이 사금파리처럼 빛나고 있었다. 왕성한 생명력이 죽은 나뭇가지 끝에서 무섭게 솟구쳐 오르고 있었다. 그 가지 끝에 촉촉한 봄비가 가랑가랑 맺혀 있었다.

"이제 곧 벗꽃이 필 것이다."

어머니는 환히 웃으시며 나를 돌아보았다. 어머니의 얼굴은 소녀처럼 고왔다. 어느 틈에 머플러를 머리 위에 뒤집어쓰고 계셨다.

어릴 때부터 보아왔지만 어머니는 유난히 꽃을 사랑하셨다. 나는 기억하고 있다. 어머니를 따라 언덕을 넘어 영천시장을 갈 때였다. 어머니는 남의 열린 대문 너머로 꽃들이 만발하면 발길을 멈추고, '아이고 고와라. 썩어져 죽을 놈의 꽃들이 저렇게도 고울까' 하며 감탄하시고는 주인이 뭐라든 상관없이 대문을 밀고 들어가 한참이나 꽃을 감탄하시고서야 돌아서던 분이었다. 다 죽어가는 화분의 꽃들도 어머니의 손만 닿으면 기적같이 살아나곤 했다. 한겨울 거실에 내다놓은 화분이 얼어터져 빈사상태에 이르렀을 때도 어머니가 가져다 두어 달 키우고 나면 불치의 병에서 일어서곤 했었다. 어머니는 죽은 나무에서 꽃을 피우는 마법사의 손을 가지고 있었다.

"아아."

어머니는 감탄한 듯 절 마당을 바라보며 중얼거리셨다.

"썩어 죽을 놈의 봄이로다."

절 마당 한복판에 고색창연한 탑이 위태롭게 서 있었고, 그 탑 주위로 만개한 진달래꽃들이 피를 토하고 있었다. 절 뒤 숲속 아득히

먼 곳에서 새의 울음소리가 은은히 들려왔다.

"강을 보러 가자."

어머니는 절 앞을 흘러내리는 길을 가리키며 말했다. 나는 어머니의 허리를 부축해서 몸을 돌리켰다.

한겨울 얼어붙은 강은 완전히 풀려 천천히 흘러가고 있었고, 비에 젖은 자갈들은 윤이 나고 있었다. 강 너머 맞은편에 드리운 버드나무들이 머리를 풀고 부스스 기지개를 켜고 있었다.

한 떼의 사람들이 길가에 모여 있었다. 버스를 타고 먼 곳에서 떼를 지어 온 관광객들처럼 보였다. 대형 버스가 강가에 멎어 있었고 사람들은 비를 맞으며 강가에 모여 서서 강물을 바라보고 있었다. 우리는 그 곁으로 다가갔다. 그들은 단순히 관광을 온 사람들은 아닌 것처럼 보였다. 그들은 두 손을 모아 강을 향해 합장을 하고 있었다. 대부분 나이 든 사람들이었다.

"저게 무엇을 하는 건 줄 아니?"

어머니는 내게 물었다. 나는 대답했다.

"모르겠습니다. 봄맞이 관광객들이겠죠, 뭐."

"아니다. 저 사람들은 모두 신자들이다. 불교 신자들."

"여기서 뭘 하고 있는 것일까요?"

"아마 방생을 하러 나온 것이겠지."

"방생이오? 초파일도 아닌데요."

"독실한 신자들은 때도 없이 한단다. 보렴."

어머니는 턱으로 그들을 가리켰다.

강가에 몰려선 사람들은 무릎을 꿇고 앉아, 갖고 온 민물고기들을 강가에 풀어 주고 있었다. 모두 나이 든 사람들이었다. 대부분 어머니 나이 또래였고 어떤 할머니는 휠체어를 타고 앉아 있었다. 어쩌면 노인 단체에서 나온 신도들의 방생회인지도 몰랐다.

비닐 봉지에서 민물고기를 꺼내 강물에 고기를 풀어 주고 나서 노인들은 일제히 두 손을 모으고 합장을 하고 있었다. 무어라고 중얼거리며 염불을 외우는 소리, 기원을 하는 소리, 함께 입을 맞춰 중얼거리는 노랫소리. 그런 노인들의 둔중한 목소리는 알몸으로 비를 맞고 있는 강물을 타고 느릿느릿 흘러가고 있었다.

"어디서 오셨어요?"

맑은 목소리가 우리를 향해 들려왔다. 우리는 소리난 곳을 보았다. 어머니 또래의 노인네가 우리를 보고 맑게 웃고 있었다. 승려는 아니었는데도 가사를 입고 있었다. 머리에 비를 맞지 말라고 비닐 봉지를 뒤집어쓰고 있었다. 머리칼이 백설처럼 흰 노인이었다.

"서울서 왔다우."

어머니는 대답했다.

"아드님인가요?"

"우리 둘째라우."

"보기도 좋아라. 효자이시네. 어머님 모시구 봄맞이도 나오셨구."

"그럼요. 내 새끼들이야 부모 공경 기막히게 하지요."

"물고기 한 마리 드릴까요? 방생 좀 하실라우?"

"고맙기도 하셔라."

어머니는 웃으셨다.

"난 불교 신자는 아닌데. 난 천주교 신잔데."

"천주교 신자면 어떻수. 다 왕생극락 비는 일인데. 옛다, 한 마리 남았수."

노인은 어머니에게 비닐 봉지 속에 들어 있는 민물고기 한 마리를 내밀었다. 어머니는 비닐 봉지를 받아 들었다. 봉지 속엔 붉은 고기 한 마리가 들어 있었다. 제법 큰 놈이었다.

어머니는 노인들이 하듯 무릎을 꿇었다. 그리고 비닐 봉지에서 펄떡펄떡 살아 움직이는 민물고기를 꺼내 들었다. 어머니는 그것을 강물 속에 천천히 넣었다. 고기는 봄비 내리는 맑은 강물 속에 담가졌다. 이 돌연한 해방이 실감이 가지 않는 듯 물고기는 움직이려 하지 않았다. 그러다가 지느러미를 돌연 힘차게 움직였다. 그는 강물 속을 꿰뚫고 멀리멀리 사라졌다. 어머니는 이마와 가슴 네 군데를 손가락으로 찌르면서 성호를 그었다. 그리고 합장을 하고 눈을 감았다.

빗발이 굵어져 강물 위에 수없이 동그라미를 그리고 무방비 상태의 어머니의 몸을 참다랗게 봄비가 적시고 있었지만, 나는 다가가 어머니의 몸을 우산으로 가려 드릴 수가 없었다. 그것은 어머니의 깊은 기도를 방해하는 행위처럼 느껴지기 때문이었다.

도대체 어머니는 무엇을 빌고 계시는 것일까. 어머니가 언젠가 묵주신공할 때 보았던 구절처럼 천주님께 병 들고 죄 많은 영혼을 편안하게 거둬 주시기를 비는 것일까. 아아, 어머니 말씀대로 나날의 삶은 얼마나 고통스러우며, 저 밝은 세상으로 가는 것은 이토록 힘이 드는 것일까.

우리도 언젠가는 얼어붙었던 강이 풀려 저 바다로 흘러가듯 늙고 병 들어 죽음의 바다로 흘러간다.

나는 멀찌감치 떨어져 어머니를 바라보며 기도가 끝날 때까지 기다리고 서 있었다. 나는 살아 있는 묘비 앞에 서 있는 기분이었다.

떼지어 찾아왔던 늙은 신도들은 다시 떼지어 소리도 없이 사라졌다. 대형 버스가 주차해 있던 공터에는 어느 한 곳도 비우지 않고 우와와, 우와와 봄비만 내리고 있었다. 바람은 강물 위에 미끄러지며 빗발을 이리저리 몰고 다녔다. 오랜 침묵 끝에 어머니는 젖은 얼굴을 들고 나를 찾았다.

"어디 있느냐?"

어머니는 두릿두릿한 얼굴로 돌아보았다.

"저 여기 있습니다. 둘째 아들 여기 있습니다."

나는 우산을 들고 어머니 곁으로 돌아갔다.

"썩어져 죽을 놈, 난 니가 날 버리고 어디론가 멀리멀리 도망가버렸는 줄 알았다."

"제가 가긴 어딜 가요."

"됐다."

어머니는 힘을 주며 일어서서 다가오려는 나를 막아 세웠다.

"이리 오지 말렴. 내가 그리로 가겠다."

"안됩니다. 넘어지세요. 혼자서는 걷지도 못하시는 분이."

"괜찮아. 나 혼자서 걸어가겠다. 젠장할, 나 혼자서 저 산 너머까지 걸어가겠다."

어머니는 손을 들어 봄비에 젖어 능선이 하늘과 맞닿아 지워진 먼 산을 가리켰다. 어머니는 조금 전 자신이 놓아준 물고기처럼 비늘을 반짝이며 서 있었다.

"젠장할, 죽은 나무에서도 꽃이 피는 봄 아니냐."

어머니는 휘청이며 몸을 바로잡았다.

나는 그 자리에 서서 어머니를 지켜보았다. 어머니를 향해 손 하나 움직일 수 없는 이상스런 경외감을 나는 느꼈다.

어머니는 맑은 미소를 띄운 얼굴로 나를 쳐다보았다. 그 얼굴은 아름다웠다. 어머니는 그 누구의 부축을 받지 않고 천천히 발을 떼어놓았다. 아니다. 그건 내 착각에 지나지 않는다. 어머니는 보다 큰 손, 보다 위대한 힘에 의해 떠받들리어 부축을 받고 있다.

어머니는 왼발과 오른발을 번갈아 느릿느릿 떼어놓았다. 어머니는 이제 막 걸음마를 배우기 시작하는 돌 지난 아이처럼 걸었다.

그러나 어머니는 세 발짝도 걸음을 떼놓지 못하셨다. 풀썩 하고 자리에서 쓰러지셨다. 그러나 나는 어머니 곁으로 다가설 수 없었다. 복받쳐 오르는 슬픔이 눈물이 되어 내 얼굴에 흘러내리고 내 가슴은 형언할 수 없는 비애로 찢어지고 있었다. 나는 흐느껴 울면서 마음속으로 소리질렀다.

"어머니, 일어서세요. 그리고 제 곁으로 오세요. 썩어져 죽을, 저 산까지 걸어가세요. 일어서세요. 어머니는 할 수 있어요."

일흔다섯

이 년 전부터였던가, 정확히 기억되지는 않지만 어머니는 차츰 두 다리를 못 쓰기 시작하시더니 최근에 와서는 혼자서는 꼼짝도 못 하는 병이 깊어지고 말았다. 그 증상 때문에 병원에도 두 번씩이나 입원하셨지만 차도는 보이지 않고, 이제는 거의 하반신마비에 이르시고 말았다.

본인은 물론이지만 어머니의 병환을 보는 가족들의 마음도 여간 답답한 것이 아니었다. 워낙 성격이 까다로운 분이 운신을 제대로 못 할 정도로 몸이 불편하니까 자연 신경질이 많아지시고, 그 때문에 어머니를 모시고 사는 형의 집안 분위기도 가끔 침울하고 우울해지는 모양이었다.

올해로 일흔다섯이 되신 어머니는 두 다리를 못 쓰시는 것 이외에는 아주 건강하신 편인데 가끔 혼잣말로 '전생에 몹쓸 죄를 지어서 큰 죄값을 받는다' 고 울면서 하소연하신다. 그러다가는 '아, 아, 다리만 멀쩡하면 좀 좋겠는가. 마음대로 훨훨 날아다닐 수 있겠는데' 하고 입버릇처럼 탄식을 하곤 하셨다. 사실 어머니는 바지런한 성격을 가지고 있다. 두 다리가 말을 듣지 않자 짜증이 나는 것은 당연한 일이었다. 소일거리를 찾아나설 수도 없고 바지런한 성품을 만족시킬 수도 없으니 자연 스트레스만 쌓이고, 상대적으로 사람들을 달달 볶는 것으로 주위의 관심을 집중시키려 드셨다.

참으로 괴로운 일이었다.

정밀조사를 끝낸 병원측에서는 노인의 기능마비로 어쩔 수 없다는 진단을 이미 내렸으니 달리 뾰족한 방안은 없고 침을 맞는다, 마사지를 한다, 지압을 받는다 해도 그게 그것이었다. 몇 년이 되었지만 형과 나는 사는 데 지쳐서 어머니 병구완에 심청이처럼 본격적으로 나설 수도 없고, 며느리들도 시어머니의 병을 위해 손가락을 싹둑 베어서 피를 어머니 입에 부어넣는 단지(斷指)를 할 용기도 없는 판이니, 자연 어머니는 어머니대로 가족들은 가족들대로 우울하고 답답한 일일 뿐이다.

기분전환을 위해 어머니를 우리집에서 한 열흘 모시고 있기로 했다. 어머니는 내심 내가 시간을 내서 함께 어디 여행이나 떠나 바람 좀 쐬고 싶은 것이 큰 소원인 모양이셨지만, 나는 나대로 원고 독촉

먼 후일 너도 한 젊은이가 휠체어에 그의 어머니를 태우고

걸어가는 모습을 보면 눈시울이 뜨거워질 것이다.

에 하루하루가 전쟁이고 아내는 아내대로 아이들 뒷바라지에 어머니는 자연 뒷방 차지가 될 수밖에 없었다.

지난달 일을 끝내고 어느 정도 여유가 생기자 어머니를 모시고 가까운 교외라도 나가자고 나는 이를 악물고 다짐했었다. 명색이 아들로서 어머니의 소원인데 그것쯤 못 들어 주랴 하는 오기도 생겼으며, 진심에서 우러난 효성 때문이 아니라 일종의 반발 같은 의식 때문이었다. 휠체어를 사서 나는 어머니를 모시고 갈 수 있는 준비를 완료했다.

토요일 오전, 나는 아이들과 아내와 어머니를 태우고 민속촌으로 봄나들이를 떠났다. 바람은 아직 차고 햇살은 제법 봄기운으로 부드러웠지만 먼지를 머금은 바람이 이리저리 몰아치는 매우 어정쩡한 조춘(早春)의 날씨였다.

민속촌 앞뜨락에서 어머니를 휠체어에 태우고 밀면서 나는 제법 효성 깊은 효자처럼 구내로 들어섰는데, 솔직히 조금은 창피하고 조금은 짜증이 나 있었다.

어머니는 생전 처음 타는 휠체어에 익숙한 사람처럼 얌전히 앉아 계셨고, 나는 인력거 인부처럼 육중한 어머니를 태운 휠체어를 밀면서 아아, 이게 도대체 뭐람. 어머니가 나를 일부러 골탕먹이고 있을지도 모른다는, 참으로 못돼먹은 의심을 가득 품고 있었다.

워낙 호기심이 많은 어머니는 얌전히 앉아서 이미 서너 번도 더 오셨던 민속촌 풍경을 구경만 하지는 않으셨다. 살아 보셨던 초가집도, 대감집도, 양반집도 꼭꼭 다시 보셔야 직성이 풀리셨다. 그럴 때면 어머니를 일단 휠체어에서 내렸다가 부축해서 문턱을 넘고 다시 휠체어를 운반해서 앉히고야 다시 자리를 옮길 수밖에 없었는데, 솔직히 말해서 이건 참으로 짜증스럽고 울화통이 치미는 일이었다.

아흔아홉칸 집 마당에서였다. 한 떼의 중국 관광객들이 안내원의 설명을 들으며 아흔아홉칸 집을 둘러보고 있었는데 한 중년 사내가 아까부터 집 주위는 둘러보지 않고 휠체어의 어머니와 나를 물끄러미 바라보고 있는 것을 느꼈다. 나는 그가 왜 나를 바라보는지 이해가 가질 않았다. 나는 조금 창피해서 모자를 눌러쓰고 있었는데, 그 중국인 사내는 갑자기 사진기를 들어 나를 찍었다.

우라질, 나는 낯을 붉히며 투덜거렸다. 왜 날 찍는 것일까. 중국에서 여기까지 여행을 왔으면 관광이나 할 것이지 왜 내 모습을 찍는단 말인가. 그는 계속 어머니와 나를 물끄러미 응시하고 있었다. 어느새 그의 눈가에는 촉촉이 물기가 젖어 있었으며 무슨 말을 할 듯 나를 쳐다보았다.

나는 순간적으로 그가 휠체어에 앉은 어머니를 보며 자신의 돌아가신 어머니를 회상하고 있다고 생각했다. 그에게도 어머니가 있었으리라. 그런데 돌아가셨으리라. 살아생전에 어머니를 모시고 이처럼 봄나들이를 한 번도 나가지 못했을 것이다. 그것이 한이 되어 애꿎은 타향에서 추억에 잠겨 있으리라.

나는 도망치듯 어머니를 밀고 빠르게 그 자리를 떠났는데, 아흔

아홉칸 집 앞마당에서 공교롭게도 이번엔 딸을 데리고 나온 중년 부인과 맞닥뜨렸다.

"아이고, 할머니! 봄나들이 나오셨네."

중년 부인은 어머니의 손을 붙들고 늘어졌다.

"아드님인가요? 그렇죠, 할머니? 아드님이 아니고서야 어머닐 모시고 나오실 리가 있겠어요. 효자 아들 두셨네요. 아이고, 할머니. 엄마 생각나네. 우리 엄마도 다리를 못 쓰셨어요. '애야, 바깥 구경 좀 하자. 바깥 구경 좀 하자' 입버릇처럼 그러셨지만 어디 형편이 되어야지요. 아이고, 한이 되네. 할머니를 보니 내 엄마 생각나요."

중년 부인은 제 서러움에 북받쳐 울기 시작했다.

"할머니, 이것 드세요. 아이고, 할머니. 내 엄마 생각나네. 아아, 가슴이야. 아이고, 한이 되네. 가슴 답답해서 내가 못살겠네."

고등학생으로 보이는 딸아이가 어머니를 주책이라고 눈을 흘기더니 강제로 끌고 어디론가 사라져버렸다. 뜨락은 텅 비어버리고 따사로운 봄햇살뿐이었다. 어머니는 그 여인이 주고 간 엿을 가슴에 들고 조금은 서럽고, 조금은 자랑스럽고, 조금은 행복한 표정으로 나를 돌아보셨다.

"애, 힘들쟈?"

"아, 아닙니다."

"그럼 가보자, 애."

나는 묵묵히 어머니의 휠체어를 밀면서 생각했다. 그렇다. 어머니를 휠체어에 끌고 이곳에 나온 것은 내가 아니라 누군가가 나를 느끼게 하기 위해서 짐짓 그런 것이다.

네가 만난 두 사람은 어머니의 모습에서 자신의 과거를 보고 한이 되어 뉘우치고 있지 않았던가. 그에 비하면 넌 모실 어머니가 네 곁에 있지 아니한가. 그들에 비하면 넌 얼마나 행복한가.

먼 후일 너도 한 젊은이가 휠체어에 그의 어머니를 태우고 걸어가는 모습을 보면 눈시울이 뜨거워질 것이다. 그러나 지금 네 곁에는 비록 두 다리를 못 쓰지만 건강한 어머니가 있지 아니한가. 그렇다. 비록 휠체어를 미는 네 마음은 짜증과 권태와 신경질이 북받쳐 오른다고 해도 네 행동이 그들의 마음에 감동(?)을 불러일으켰다. 백 번의 반성과 백 번의 자각보다 단 한번의 행동이 선(善) 그 자체가 아닌가.

아~ 아~ 어려운 아들 노릇. 백 번의 깨우침과 백 마디의 미사여구보다도 단 한번의 행동의 어려움. 아아, 제발 비옵건대 내게 그런 자각을 느낄 수 있는 지혜보다는 행동으로 옮길 수 있는 넉넉한 마음을 주옵소서. 비록 그것이 위선이라 할지라도.

여든

어머님께서는 우리 나이로 여든 살이 되셨다. 대부분이 오십도 못 채우시고 돌아가신 아버지, 할아버지 등 단명한 가족들 중에서 어머니는 드물게 장수하시는 셈이다. 오래 전에 돌아가신 외할머니께서 거의 90까지 사신 것을 보면 어머니는 외할머니의 장수 체질을 유전적으로 물려받으신 모양이다.

십여 년 전 어머니가 일흔 살을 채우시고 고희(古稀)를 맞으시더니 내게 이런 말씀을 하셨었다.

"내가 칠십을 살다니. 믿어지지 않는다. 내가 칠십을 채우다니."

그렇게 말씀하신 것이 엊그제 같은데 어머니는 벌써 여든이 되셨다.

몇 년 전부터 다리를 못 써서 조금씩 조금씩 기동을 못하시더니 이제는 완전히 앉은뱅이가 되시고 말았다. 천성 성미 급하고 부지런하고 여기저기 참견하고 빨빨거리고 돌아다니시는 것을 좋아하던 어머니께서 날이 갈수록 기동을 못하시더니, 이제는 누가 부축하거나 옮겨 주지 않으면 화장실에도 못 가시게 되었다.

그러니 운동 부족으로 다리는 점점 얇아져서 오그라붙기 시작하고 눈은 점점 감겨서 완전히 장님 신세가 되어버리셨다. 눈을 한번 뜨시려면 겹겹이 쌓인 눈꺼풀을 헤치고 심봉사 심청이 소리에 언뜻 눈을 뜨듯 한 십여 초 눈을 뜨셨다가는, 다시 무거운 닻을 내리듯 눈꺼풀이 내리덮이면 그때부터 또다시 영락없는 봉사가 되시고 만다.

이제는 기운도 없어져서 전처럼 하루에도 두세 번씩 내게 전화를 걸어서 병원에 데려다다오, 장어를 사다다오, 오늘 밤 내가 죽을 것 같으니 내 곁에 와다오, 파출부가 안약에 물을 넣었으니 와서 혼내다오, 파출부가 달걀을 훔쳐갔다, 파출부 그것이 바나나를 혼자 다 먹었다 하고 고자질하는 일도 없으시고, 어쩌다 전화를 걸어도 혼자만 웅얼웅얼하셔서 무슨 소린지 잘 모르겠다. 이제는 대소변도 방안에서 보시고, 꼼짝도 못하신다니 마음이 무겁다.

그런데도 나는 자주 찾아가 뵙지 못하고 있다. 시간이 없다고 변명하고 있지만, 솔직히 말하면 그게 아니라 어머니의 늙으신 모습과 죽음을 앞두신 그 모습이 보기에 마음이 불편하고 고통스럽기 때문이다.

봉사가 되신 어머니는 찾아가도 내 얼굴을 보지 못하신다. 그저 손으로 더듬고 만져볼 뿐이다.

혈육의 반가운 정은 다 잊어버리셨는지 그저 나만 만나면 파출부가 또 무엇을 훔쳐갔다고 그러신다. 그 안 보이는 눈으로 하루 종일 약들을 점검하고, 하찮은 물건들, 이를테면 무슨 책, 무슨 과자, 무슨 옷들을 파출부 아줌마가 훔쳐갔는가 일일이 더듬어 확인하고 있다.

그래서 괴롭다.

연초에 일본에 가서 한 달 있다 왔는데 매일 밤 어머니 꿈만 꾸었다. 언제나 돌아가시는 꿈만 꾸어서 기분이 편치 않았다. 떠나기 전에 못 뵙고 떠난 죄의식이 꿈으로 나타나는지 밤마다 어머니는 꿈에 나타나셨었다. 돌아가면 어머니를 자주 찾아뵈어야지, 사시면 얼마나 사시는데 하고 마음먹다가도 일단 귀국하면 그저 그뿐이다.

가면 괴로운데 어떻게 할 것인가.

보면 괴로운데 어떻게 할 것인가.

뭘 잡수시는 모습은 처절한 생존의 욕구를 의미한다. 밥알이 흘러 떨어지고 입가에 고깃국물이 흐른다. 그래도 살아야겠다는 욕망으로 어머니는 하루에 다섯 끼를 드신다. 남대문시장에 가서 양식 장어가 아닌 자연산 장어를 사달라고 조르신다. 장어를 푹 삶아서 그 국물을 마시면 어머니는 기운이 팔팔 나리라 믿으신 모양이다.

이제 어머니는 기운이 쇠진하셔서 그런지 만나 뵈어도 예전처럼

내게 어머니는 이제 어머니로 비치지 않는다. 나는 그것이 슬프다.

이제 어머니는 우리의 삶이 결국 저처럼 고통스러울 것이라는
생로병사의 어떤 견본(見本)으로 느껴질 뿐이다. 그래서 나는 슬프다.

울지 않으신다. 일년 전만 해도 어머니는 나만 만나면 진저리가 나도록 우셨다. 도대체 어디에서 눈물의 샘이 그토록 철철 넘치시는지 고장난 수도 꼭지처럼 우셨다. 가면 형 욕, 형수 욕, 내 여편네 욕, 파출부 욕, 조카들 욕, 닥치는 대로 욕하고 저주하고 증오하셨었다.

나중에는 이런 말까지 하셨었다.

"두고봐라. 늬들 내가 죽으면 한이 맺힐 테니까."

그런데 이제 어머니는 그전처럼 기운이 없으신 모양이다. 파출부 욕이나 하는 것도 힘에 겨우신 듯 증오심도 많이 소멸하셨다.

지난 연말에 큰누이가 조카를 데리고 왔는데 나는 큰누이가 어머니를 목욕시켜 주는 것을 보고 큰 감동을 받은 적이 있다. 부모에 대한 사랑은 아들보다 딸이 더욱 짙고 현실적인 모양인지 누님은 와서 한 달 계시는 동안 어머니하고 지난 얘기 밤새 하고 목욕시키고 향수까지 뿌려 주셨었다. 한 달 동안만 있을 것이니, 있는 동안만 잘하자는 그런 마음 때문이 아니라 누님에게 어머니는 아직도 어머니로 느껴지시는 모양이다.

그러나 내게 어머니는 이제 어머니로 비치지 않는다. 나는 그것이 슬프다.

이제 어머니는 우리의 삶이 결국 저처럼 고통스러울 것이라는 생로병사의 어떤 견본(見本)으로 느껴질 뿐이다. 그래서 나는 슬프다.

저 어머니가 우릴 키우셨다.

마흔여덟에 혼자가 되셔서 삼십 년 넘게 홀로 우리를 키우셨다.

어머니도 젊은 시절이 있어 아버지를 사랑했을 것이고 밤마다 뽀뽀도 하셨으므로 우리를 줄줄이 낳았을 것이다.

그러나 이제 어머니는 내 어머니가 아니다. 불쌍하고 가엾고 고통스러운 노망들린 할머니에 불과하다. 저 어머니가 내게 젖을 물려주셨던 그 여인인가. 저 어머니가 복중에 나를 열 달이나 키우셨던 그 여인인가. 내가 '엄마 엄마' 밤마다 울다 찾던 그 따뜻한 품을 지니셨던 그 여인인가.

어머니! 저는 정말 이런 사람이 되고 싶습니다. 어머니가 마치 개구리처럼 오그라붙으시고 노망이 들으셔도 어머니를 목욕시키고 어머니의 시든 젖을 빨면서 지난 일들을 함께 이야기하면서 나누는 그런 아들이 되고 싶습니다. 어머니가 돌아가신다면 그 임종을 묵묵히 지켜보면서 울지도 않고 죽음을 앞둔 어머니의 불안을 내가 따뜻한 말로 위로하는 그런 아들이 되고 싶습니다. 그런데 그게 자신이 없어요, 어머니.

나는 용기도 없고 깊은 정도 없어서 옅은 정으로만 어머니를 웃기고 하기 싫은 숙제하듯 한 오 분 앉아 있다 '자아 가자! 애들아' 하고 일어서는 철부지 아들입니다, 어머니.

어머니 머리맡에는 사오 년 전에 나온 《소설문학》 책이 한 권 놓여 있다. 그 《소설문학》의 표지에는 내 얼굴이 나와 있고 내 소설 특집이라 처음에 단색화보로 우리 가족의 사진들이 십여 장 나와 있는데, 어머니는 한밤중에 어쩌다 심봉사처럼 눈이 떠지면 그 사진들을 바라보면서 마음의 위안을 받으시는 모양이다. 어머니를 보면 나는 도대체 우선 어떻게 해야 할지 난감해진다. 어머니를 뵙고 나오면 나는 아이들 앞에서 이렇게 말한다.

"일주일에 한 번씩 꼭꼭 할머니를 찾아뵙자."

그러나 아들 녀석은 말한다.

"작심삼일이라구, 아빠."

아들의 말은 사실이다. 그런 결심은 삼 일밖에 가지 않는다. 한 달에 한 번씩이라도 찾아뵈면 효도하는 것이다. 간혹 다혜가 내게 그런 말을 한다.

"아빠, 이담에 아빠가 할머니처럼 노인이 되었을 때, 도단이가 아빠를 찾아가지 않으면 어떻게 하실래요. 아빠가 할머니를 자주 찾아뵙고 모범을 보여야지만 도단이도 아빠를 닮을 게 아니에요. 아빠는 할아버지가 되면 맨날 맨날 우리집에 전화를 걸어 이렇게 말씀하실 게 뻔해요. 다혜야, 나 병원에 데려가다우. 다혜야, 장어 좀 사오너라. 다혜야, 약 좀 사오너라. 나는요, 아빠가 전화를 걸면 자주자주 가보겠지만은요, 도단이는 아빠가 하시는 행동을 봐두었다가 그대로 할걸요. 그러니까 아빠, 할머니한테 자주자주 가세요. 할머니는 가엾어요. 그리고 참 다정하다구요."

나는 아이들 보기가 부끄럽다.

아이들에게 아직 어머니는 다정한 할머니다. 그러나 이 못난 아비에게 어머니는 어머니로 다가오지 않는다. 그러다가 돌아가시면 제 감정에 제가 겨워 술만 취하면 울고불고 '어머니' 하고 야단법석이겠지.

'못난 자식. 잘난 척하지 마라. 이 불효막심한 개자식아!'

운명

　어머니. 당신을 무어라고 다른 말로 부를 수 없어 그냥 어머니라고 부릅니다. 나를 낳아서 기르신 그 인연으로 인하여 당신은 어머니가 되시고 저는 어머니의 아들이 되었나이다.

　어머니. 그리운 어머니. 그간 안녕하셨는지요.

　어머니가 돌아가신 지도 이제 두 달이 지나 석 달이 되어갑니다.

　KBS팀과 〈잃어버린 왕국〉 다큐멘터리 취재차 일본으로 건너갔을 때 11월 2일 저녁, 호텔에서 나를 찾는 아내의 전화가 있다고 호텔 종업원이 말하였을 때 나는 직감적으로 어머니가 돌아가셨다는 느낌을 받았습니다.

　전화를 받자마자 아내가 내게 말하였습니다.

"어머니가 오늘 오후 두 시쯤 돌아가셨어요. 놀라지 마세요."

아내는 나를 위로하려 하였지만 어머니, 나는 놀라지 않았습니다. 그저 어딘가를 한 대 얻어맞은 것 같은 멍한 느낌이었습니다. 홀로 방으로 돌아와 문을 잠그고 침대 위에 꿇어앉으니 어머니, 비로소 눈물이 흘러내렸습니다. 슬프기도 하였지만 너무나 고맙기도 하여서 두 손을 모아 기도하였습니다.

어머니, 이제 평안하시죠.

파출부가 무얼 훔쳐간다고 의심 의심하시더니 이제 그게 다 부질없는 일이라는 것을 깨달으셨죠. 죽는 것이 무섭구나, 얘야. 그 캄캄한 흙 속에 누워 묻혀 있다니. 그게 무섭구나, 얘야. 어머니는 늘 그것이 걱정이셨지만 이제 보니 육신 떠난 기쁨이 얼마나 크고, 좋은 세상이 어머님 앞에 있음에 뒤늦게 놀라우시지요, 어머니.

일본으로 떠나기 이틀 전 어머니를 찾아뵈었을 때 어머니께서는 제게 이렇게 말씀하셨지요.

"어머니가 내 곁에서 요즈음 늘 함께 주무신다."

나는 그때 그 말씀이 무엇을 뜻하는가를 몰랐습니다. 그러나 이제는 그 뜻을 압니다. 그리고 외로운 어머니와 말동무해 주시면서 함께 주무셔 주었던 그분이 누군지 잘 압니다. 그러나 그분이 누구인지는 말하지 않겠어요, 어머니. 그것은 어머니와 나 둘만의 비밀입니다, 어머니.

그날 어머니는 내가 함께 '묵주의 기도'를 하자고 하자 이렇게 말

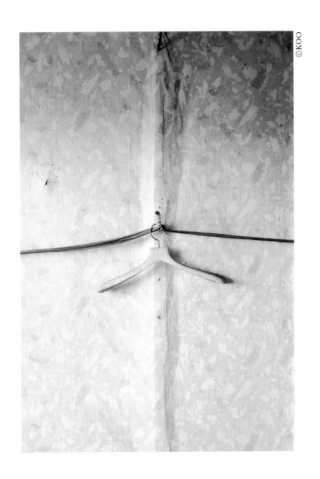

ⒸKOO

엄마, 안녕히 가세요. 언젠가는 또다시 만나겠지요.

쓸하셨습니다.

"오늘 아침에도 기도를 드렸다."

그러면서도 어머니는 함께 기도를 즐겁게 드리셨는데, 기도를 드리는 그 모습이 맛있는 반찬을 함께 먹는 것 같은 느낌이어서 저는 아주 즐거웠습니다. 어머니, 저는 어머니가 기도를 드리기 전에 성호를 긋는 그 모습이 언제나 좋았었어요. 함께 기도 드릴 때마다 저는 언제나 그 모습을 가만히 훔쳐보곤 하였지요. 눈이 무겁게 감기셔서 앞을 제대로 못 보는 어머니가 묵주를 들고 그곳에 입을 맞추고 아주 경건한 자세로 두 손을 모으고, 작으면서도 그렇게 힘찬 성호를 긋는 그 모습은 언제나 제겐 놀라움이었습니다. 어머니, 십자가를 긋는 그 모습은 하루아침에 이룩된 모습이 아니었습니다. 온 생애를 다하여 거룩한 마음으로 성호를 그었던 사람만이 이룰 수 있었던 십자가를 어머니는 이마에, 가슴에, 두 어깨에 그을 수 있었던 것입니다.

돌아가신 그날까지 기도를 드리셨으니 어머니, 어머니야말로 생애의 마지막까지 기도를 드리신 성도가 아니었습니까.

그렇습니다, 어머니.

즉시 비행기를 타고 돌아오니 고맙게도 어머니의 시신이 청담동 성당 영안실에 누워 계셨습니다. 어머니의 영전 앞에 이렇게 글씨가 쓰여 있었습니다.

'성도 손안나'

그렇습니다, 어머니.

어머니는 내 어머니가 아니라 성도 손안나였습니다. '복녀' 라는 통속적인 이름으로 이 세상에 오신 어머니는 돌아가실 때 손안나라는 이름으로 떠나온 곳으로 되돌아가셨습니다. 어머니의 이름 앞에 쓰여진 성도(聖徒)란 그 명칭이 너무나 좋아서, 나는 슬프면서도 초등학교도 못 나온 내 어머니가 너무나 자랑스러워서 가슴이 벅차서 눈물도 나오지 아니하였나이다. 이 세상에 살면서 80 평생에 '성도' 란 그 대명사가, 그 대명사에 합당한 삶이 어느 재벌이나 대통령이나 지상의 그 어떤 영광보다도 가장 값진 것이라는 것을 몸소 실천하시고 간 어머니가 너무나 자랑스러워서 나는 가슴이 찢어지는 것 같았나이다. 예수님께서 이렇게 기도하지 않으셨습니까.

'하늘과 땅의 주인이신 아버지. 안다는 사람과 똑똑한 사람들에게는 이 모든 것을 감추시고 오히려 철부지 어린애들에게 나타내 보이시니 감사합니다.'

그렇습니다, 어머니. 어머니는 비록 배운 것이 없어 똑똑하진 못하였고 알지도 못하였지만, 돌아가실 때 '성도' 의 이름을 얻으셨으니 어머니의 생이야말로 축복받은 삶이었습니다.

그리하여 어머니, 어머니의 시신을 볼 때도 나는 무섭지 않았나이다. 슬프지도 않았나이다. 관 속에 누울 때 어머니의 벌거벗은 모습을 보았나이다. 내가 언제나 좋아하던, 어머니의 작은 키에 어울리지 않는 두툼한 손도 보았나이다. 제가 어머니의 손을 얼마나 좋아했는지 아시지요? 키 150센티도 못 되는 어머니의 손은 여자의 손이 아니라 거인의 손이었습니다. 두툼한 빵과 같았나이다. 평생을 자식을 위해서 노동하시던 노동자의 손이셨나이다. 자신을 위해서는 그 흔한 금반지도 하나 끼우지 않으셨던 희생의 손이셨나이다. 자신을 위해서는 그 손톱에 봉숭아물조차 들이지 아니하던 순교의 손이셨나이다.

나는 기억합니다. 어린 시절 마당에 나가 자식들 먹는 밥에 행여 돌이 섞일세라 수백 번 돌을 골라내시던 새벽마다의 거룩한 일상을 늘 기억합니다. 그렇습니다. 그것이야말로 거룩한 새벽 미사의 영성체가 아니겠습니까. 모든 어머니들이 자식들을 위해 먹이는 매끼의 밥이야말로 주님의 살이요, 피요, 그 사랑이 아니고 무엇이겠습니까. 간혹 내가 피로해질 때 어머니는 내 등을 주물러 주셨지요.

"피로하겠구나, 얘야."

어머니의 손은 얼마나 힘이 강했는지 무엇을 먹고 그리도 힘이 강했는지 언제나 놀라곤 하였지요.

벌거벗은 어머니의 육체.

80 먹은 어머니의 육체, 걷지 못하던 그 다리, 흰 천 사이로 삐죽이 나타나던 두 발… 그 모습은 평생을 두고 해진 곳을 기우고, 떨어진 곳을 메워 쓰고 쓰던 낡은 행주와 같은 육신이셨나이다. 마치 헤밍웨이의 《노인과 바다》란 소설 첫 부분에 나오는 평생 고기를 낚는 어부로 살아왔던 노인의 배에 내걸린 찢어진 돛과 같이, 낡고 기

우고 해지고 얼룩진 돛대와도 같아 보였나이다. 때로는 풍랑도 만나셨겠지요, 어머니. 때로는 좌초도 하셨겠지요, 어머니. 그러나 어머니. 참으로 무사히 어머니의 배는 항구에 닿으셨으며 어머니의 영혼은 태어난 곳으로 가셨나이다. 어머니의 시신은 항구에 정박한, 지친 그러나 거룩한 생애를 보낸 낡은 배의 돛과 같았나이다.

어머니.

어머니는 칭찬 많이 받으셨겠지요.

어머니가 관에 들어가실 때 어머니 손에 우리 대부 스테파노가 준 묵주를 대신 감아 드리고 어머니의 묵주는 제가 대신 가졌나이다.

어머니가 주신 묵주를 들여다보면 마리아상이 얼마나 닳아 있는지. 그래서 어머니가 얼마나 기도를 열심히 하셨는지 나는 정말 놀라곤 합니다. 어머니야말로 골방에서 언제나 홀로 기도하셨으니 어머니의 기도는 천상에 매달린 종을 언제나 딸랑딸랑 울리게 하셨을 것입니다.

어머니.

어머니의 묵주를 제가 가졌어요.

어머니의 머리맡을 지키던 마리아상도 십자가 고상도 제가 가졌어요.

어머니가 주신 묵주와 십자가상이 있으니 제가 더 이상 바랄 것이 무엇이겠습니까. 어머니가 이제 돌아가셨으니 언제나 제가 원할 때 저와 함께 계실 것이 아니겠습니까. 함께 기도를 드릴 때마다 어머니는 늘 이렇게 제게 말씀하셨지요.

"고맙구나, 애 아빠야."

어머니. 이제 제가 말씀드립니다. 고맙습니다, 어머니. 이 세상에 하찮은 제게 어머니로 오셨다가 그 고생 다 하시고 낡고 낡아 더 이상 포도주를 채울 수 없는 낡은 부대가 되어 새 술을 담으러 가신 어머니. 꿈에 나타난 부활하신 어머니의 모습 그대로, 하늘나라의 시민이 되어 편안함을 누리시옵소서.

성도 손안나.

이제 당신은 내 어머니가 아닙니다. 귀양살이하는 이 생애만큼만 내 어머니가 되셨다가 거룩한 여인이 되어 떠나가신 손안나님, 당신은 참으로 위대하셨습니다. 그리고 감사합니다.

그러나 세상에서 부르던 그 정다운 이름으로, 당신 품에 안겨 젖을 빨던 어린아이의 어리광으로 부르오니 '엄마, 안녕히 가세요. 언젠가는 또다시 만나겠지요'.

그후 1년

최근에 나는 구한 말의 선사(禪師) 경허(鏡虛)에 관한 《법어집》을 즐겨 읽고 있다. 그는 1849년에 나서 1912년에 죽은 우리나라 선가 (禪家)의 가장 마지막 맥(脈)을 잇고 있던 유명한 화상(和尚)이다.

그는 살아생전 아무것에도 걸리지 않는 무애행(無碍行)으로 숱한 일화를 남기고 있는데, 그는 출가하면 부모나 가족을 버리는 여타의 수도자와는 달리 어머니를 자신의 거처 가까운 곳에 모시고 수행을 하였었다.

그가 충청남도 서산 천장사(天藏寺)에서 보임(補任)생활을 하고 있을 때였다. 하루는 경허 스님이 자신의 어머니를 위하여 법문(法門)을 한다고 온 대중을 모아들일 것을 내외에 전하였다.

유명한 고승의 법회라 수많은 대중들이 모여들었고 경허 스님은 시자(侍者)에게 어머니를 모셔올 것을 분부하였다. 시자가 그 뜻을 어머니에게 전하며 큰스님으로 존경을 받고 있는 아드님의 법회(法會)에 가시기를 권하였고, 그 어머니 되시는 할머니는 자신의 아들인 경허가 자신을 위하여 특별한 법문을 한다고 하니 기뻐서 그 즉시로 옷을 갈아입고 대중이 모여 있는 큰방에 들어가 향을 피우면서 정성을 다하여 경의를 표하였다.

그때 경허 스님은 묵묵히 앉아 있다가 어머니를 위한 특별 법문을 한다고 말하면서 벌떡 일어나 옷을 벗기 시작하였다. 그리고 완전히 벌거벗은 나신이 된 후 어머니 앞에 서서 다음과 같이 말하였다.

"어머니, 저를 보십시오."

할머니는 무슨 심오한 설법을 자신을 위해 해줄 줄만 알고 크게 기대하고 있다가 이 해괴한 짓을 보고 크게 노하여 소리치면서 말하였다.

"도대체 무슨 법문이 이럴 수가 있단 말인가?"

그러고는 법석(法席)을 박차고 나가 자기 방으로 들어가서 굳게 문을 닫아버렸다. 어머니를 위한 특별법문을 기대하고 있던 여러 대중들은 이 뜻 모를 해프닝에 넋이 나가서 모두들, 벌거벗고 버티고 선 큰스님을 멍하니 쳐다볼 뿐이었다. 아연한 회중들에게 경허 스님은 크게 웃으면서 다음과 같이 말하였다.

"저래 가지고 어찌 남의 어머니 노릇을 할 수 있단 말인가. 내가 아주 어렸을 때는 이 몸을 벌거벗기고 씻기며 안고 빨고 하시더니 지금은 어찌 그리 못하실 것인가. 아들인 내가 그때의 나와 무엇이 달라졌던 말인가."

기상천외의 이 해탈법문(解脫法門)에 관해서 자세한 설명은 없다. 다만 미뤄 짐작하건대 아들 경허는 예나 지금이나 다름없이 어머니를 어머니로 보고 벌거벗은 것인데, 어머니는 경허 스님을 더 이상 아들로 보지 않고 하나의 다른 성인으로 보아 그의 벌거벗은 몸에서 수치와 분노를 함께 느낀 것이다. 변한 것은 아무것도 없다. 어머니는 여전히 어릴 때의 어머니요, 아들은 여전히 벌거벗기고 씻기며 안고 물고 빨고 하시던 어릴 때의 그 아들이다. 어린 아들을 벌거벗겨 씻길 때는 아무런 수치를 느끼지 않았음에도 어찌 같은 아들인 경허 스님의 나신 앞에서는 수치와 분노를 느낄 수 있단 말인가.

어머니와 아들의 모자 관계는 예나 지금이나 변함없이 같건만 아들을 대하는 어머니의 '마음'은 달라진 것이다. 아들인 경허 스님은 어머니를 변함없이 어머니로 생각하여 벌거벗었건만 어머니는 더 이상 경허 스님을 아들로 생각지 않았던 것이다. 그를 아들이라 부르고 있던 것은 그저 하나의 혈연일 뿐 마음속으로는 아들을 다른 하나의 외간 남자로 생각하고 있었던 것이다. 이러한 허구를 경허 스님은 수많은 대중들이 모인 법당 안에서 스스로 벌거벗음으로써 충격을 가해 우리의 낡은 인식의 허물을 벗기려 하였던 것이다.

어머니, 나이가 들수록 옛 일 이 자 꾸 생 각 나 요 .

경허 스님은 어머니에게 이러한 말을 듣기 원함이었으리라.

"얘야, 여기가 어디라고 벌거벗느냐. 감기 들겠다. 어서 옷 입어라."

경허 스님은 어머니에게 벌거벗겨 목욕시켜 주고 씻기며 물고 안고 빨아 주시던 어린 날의 기억을 되살리고 싶었는지도 모른다.

내게도 경허 스님과 같은 추억이 있다. 마흔 살이 넘는 중년의 나이에도 어머니를 떠올리면 나를 벌거벗겨 목욕시켜 주고 때를 밀어 주고 물고 안아 주시던 어린 날의 기억이 떠오른다. 요즈음엔 특히 어머니와 함께 목욕하던 장면들이 자주자주 떠오른다.

내 어렸을 때 목욕은 하나의 사치였다.

학교에서 신체검사하기 전날이나 위생검사하기 전날에는 더운물을 한 솥 데워다가 부엌 한쪽 구석에 쭈그리고 앉아서 목욕하는 것이 고작이었다. 그럴 때면 어머니는 한구석에 앉아서 연탄불로 데운 물을 아껴가면서 더운물에 찬물을 알맞게 섞어 내가 앉은 고무대야 속 물이 식지 않게 이따금씩 쫘쫘 부어 주곤 하셨었다. 지금도 기억난다. 부엌의 60촉짜리 알전구 불빛은 잔뜩 흐린데다 더욱 김이 부옇게 스며들어 부엌은 안개가 낀 듯 희미하였었다. 유리문 바깥으로는 겨울 바람이 덜컹거리고, 이따금씩 부엌 천장으로는 쥐들이 우르르우르르 떼지어 달려가곤 하였었지. 한기가 들지 말라고, 한기가 들어 감기 걸리지 말라고 어머니는 더운물을 데우는 솥에서 바가지로 물을 퍼서 내 등에 흠뻑 뿌려 주곤 하였었다. 어디서 구해

오셨는지 때를 미는 깔깔이 수건으로 무슨 웬수나 진 듯 내 등을 빨래판처럼 박박 밀어대곤 하였었다. 그럴 때면 때가 까맣게 묻어 나오곤 하였었다.

'아이구야, 아이구야. 사람 죽이네' 내가 짜증을 내며 소리를 지르곤 하였었지. 때를 벗기는 게 아니라 가죽을 벗겨내는구나. 살갗을 벗겨내는구나. 얼마나 세게 밀었으면 살갗이 벗겨져 내려 가벼운 찰과상이라도 입었을까. 때를 벗기고 나서 더운물을 부어내리면 온 살갗이 아리고 쓰라렸었지. 그래도 막무가내였다. 어머니의 손은 막무가내로 때를 벗기고 사타구니를 씻어내렸었지. 어쩔 수 없이 고추가 빳빳해지면 어머니는 소리가 나도록 엉덩이를 찰싹 때리곤 하였었지. 그러면 제풀에 가라앉곤 하였었다.

목욕이 끝날 무렵이면 어머니는 화단에 물 주던 물뿌리개를 가져와서 그 속에 더운물과 찬물을 알맞게 섞어넣어 들고 내 머리를 빨랫비누로 박박 감기기 시작하셨다. 그 독한 양잿물로 머리를 감고 또 감았는데도 아직까지 대머리가 안되었다는 것은 참 이상한 일이다. '아이구야, 아이구야. 사람 쥑인다' 머리통을 이리 쑤시고 저리 긁고 손톱을 세워 박박 문지르면 나는 아이고 아이고 비명을 지르곤 하였었다. 그런 뒤에 함석으로 만든 물뿌리개에서 알맞게 데운 물이 쭈르르르 쏟아질 때의 그 기쁨이란.

채송화에, 봉숭아에 물 주던 그 함석 물뿌리개로 머리를 감을 때 비눗물을 씻어내리는 그 지혜를 어디서 배우셨을까. 어머니는 오가는 길거리에서 열려진 이발관 문틈으로 이발사 아저씨들이 사용하시던 그런 수법들을 눈여겨봐 두셨다가 내 머리를 감겨 주실 때 써먹어 보신 것일까. 목욕이 끝난 뒤 물뿌리개로 내 머리를 헹궈내실 때, 마치 총정리하시듯 나를 일으켜세운 뒤 내 어깨와 머리 위에 물뿌리개로 물을 정결히 부어내릴 때면 그것은 마치 목욕이라기보다는 차라리 전쟁이 끝난 뒤 평화를 느끼게 하는 단비와도 같은 느낌이었다. 그렇다. 어머니는 채송화와 봉숭아에 물을 주듯 내 몸에 물을 주어 나를 자라게 한 것이다.

그런 날 밤이면 잠은 얼마나 맛있었던지. 잠은 꿈보다 달고 꿈은 죽음보다 깊었다. 잠결에 손을 내복 사이로 집어넣어 배꼽을 가만히 만져 보기도 하였었다. 언제나 때가 끼어 꺼칠꺼칠하던 배꼽은 셀로판지처럼 매끄럽고, 겨울이면 터지고 터져 언제나 글리세린을 바르던 손등도 그날 밤에는 매끄러운 옥수(玉手)였었다.

아주 드물게 나는 어머니와 둘이서 동네 목욕탕에 가기도 하였었다. 지금은 흔한 목욕탕이 그땐 왜 그리도 멀던지. 목욕 한번 가려면 어머니는 북만주로 이주를 떠나는 유랑민처럼 세숫대야에 비누, 수건들을 가득 담아 들고 먼 길을 떠났었다. 나는 알고 있었다. 그 세숫대야 속에는 간단한 빨랫가지도 들어 있음을. 어머니는 간혹 목욕탕에서 창피를 당하곤 하셨는데 공짜로 뜨거운 물을 펑펑 쓸 수 있어 간단한 빨랫거리들을 목욕탕으로 가져와 몰래 빨곤 하시다가 목욕탕 주인에게 들키곤 하였었기 때문이다. 그런데도 어머니는 목욕탕 가실 때마다 여전히 빨랫거리들을 암시장에 나가는 쌀 장수처럼 몰래 숨겨 갖고 들어가시곤 하였었다. 남의 눈치가 보이면 내게 옷을 대여섯 벌 껴입게 하셨는데 그것은 내가 감기 걸릴까 걱정되어서가 아니라 빨랫감을 들고 가기보다 입혀 가는 게 편하기 때문이었다. 나는 목욕탕에 갈 때면 으레 대여섯 벌의 윗도리에다 대여섯 벌 정도의 바지와 내복을 껴입곤 하였었다.

목욕탕 가는 길에도 어머니는 쉴새없이 내게 주의를 주었다.

"너 몇 살이지?"

"아홉 살."

"초등학교 몇 학년?"

"3학년."

나는 중학교 들어갈 때까지 어머니를 따라 여탕에 들어갔다. 정확히는 기억되지 않는데 초등학교 3학년 때부터인가, 4학년부터인가 그때부터는 목욕비를 반값이 아닌 온 값을 모두 받는 것이어서 나는 초등학교 6학년이 되도록, 나이가 열세 살이 되도록 언제나 초등학교 3학년에 언제나 아홉 살이었다. 다행스럽게도 참으로 다행스럽게도 나는 키가 작고 성장이 더뎌 성장이 멈추어버린 난쟁이와 같았었다. 우리는 어떻게 해서든 목욕탕 문을 지키고 있는 무서운 주인의 눈을 속여야 할 필요가 있었던 것이다. 나는 참 치사했다. 어린 나이에도 참 치사했다. 난 비록 키가 작아 난쟁이 같았지만 내 나이 그대로 말하고 내 학년 그대로 말하여 어엿한 성인 대접을 받고 싶었다. 목욕비 반값과 목욕비 온 값의 차이는 정말 작은 액수에 지나지 않는다. 그 작은 돈을 아끼기 위해서 거짓말을 하고 또 하고. 목욕탕 주인 앞에 다가갈 때는 무릎을 낮추어 키를 더 작게 하고 일부러 어린애처럼 손가락을 빨곤 하였었지.

"너 몇 살이지?"

"아홉 살."

일부러 어린애 같은 목소리로.

"몇 학년?"

"3학년이오."

일부러 재롱을 떨면서.

지금은 어머니를 이해할 수 있다.

어머니가 내게 나이를 속이고 학년을 속이게 한 것은 꼭 목욕비를 아끼기 위해서가 아니라 성인 값을 낼 때에는 더 이상 어머니를 따라 여탕에 들어갈 수 없으므로, 나를 분가시켜 남탕으로 보내지 않고 어린아이 그대로 머물게 해서 언제까지나 자신의 곁에 머물게 하고 싶은 애정 때문이었다는 것을. 그러나 그 당시에는 참으로 부끄럽고 창피하였다. 운좋게 목욕탕 주인의 눈을 피해 탕 안으로 들어갈 수 있었다 해도 여탕에 들어가면 이번에는 벌거벗은 여인들이 흘깃흘깃 나를 쳐다보다가 어떤 여인들은 노골적으로 어머니에게 항의를 하곤 하였었다.

"얘가 몇 살이에요?"

"아니 왜요?"

"얜 어린애가 아닌 것 같은데."

여인들은 본능적으로 아이와 어른의 눈을 구별해내는 영감이 있는 모양이다. 맹세코 나는 중학교 1학년 때까지 성에 눈뜨지 못하였었다. 어머니를 따라 여탕에 들어가도 그저 그뿐이었다. 일부러 새치름히 뜨고서 몰래몰래 여자들의 몸을 훔쳐보는 짓거리는 절대로 하지 않았다. 그런데도 여인들은 내 모습에 민감하였다. 그도 그럴 것이 아무리 키가 작아도 초등학교 6학년 아이를 3학년으로 절반이나 뚝 떼어 속일 수가 있겠는가.

"얘가 왜 어린아이가 아니에요?"

어머니는 일부러 나를 일으켜 세워 보이곤 하였다. 아아, 그때 내 벌거벗은 몸으로 쏟아지던 여인들의 매서운 시선의 화살들.

"얘, 너 몇 살이냐?"

목욕탕 주인과는 비교가 되지 않는 여인들의 날카로운 질문. 수건으로 부끄러운 곳을 가리고서 나를 문초하던 그 여인들. 지금은 모두 할머니가 되었을 그 아가씨들은 뭐가 부끄러워 나를 그토록 미워하였을까.

"아, 아홉 살이오. 아, 아홉 살이오."

그러할 때 나는 내가 그녀들과 다른 신체적 구조를 가졌다는 것이 얼마나 수치스러웠던지. 허락된다면 가위로 싹둑 그 부분을 잘라버리고 싶었다.

한번 목욕탕에 가면 얼마나 진을 빼었던지. 어머니는 그곳에서 빨래도 하고 뜨거운 물 속에 대여섯 번 들어갔다 나오시고, 어떨 때는 욕탕에 드러누워 아예 잠까지 주무셨다. 그래서 목욕탕에서 나올 때면 손이란 손은 모두 쭈글쭈글 수분이 빠져 나와 한꺼번에 늙어버리고 발가락도 퉁퉁 불어버리곤 하였었다.

나는 지금도 기억한다. 어머니는 욕탕에 들어가실 때마다 수건으로 배 부분을 가리셨다. 언제나 그리하셨다. 어머니가 그러시는 것은 부끄러운 곳을 가리는 다른 여인들과는 다른 행위였다. 다른 여인들은 부끄러운 곳만 가렸지 어머니처럼 배 전체를 가리시지는 않았다. 나는 왜 어머니가 같은 여인들에게도 자신의 배를 가리고 싶었던가를 잘 알고 있다. 어머니의 배는 배가 아니다. 그것은 터지고 찢기고 꿰매고 상처난 걸레조각이었을 뿐이었다. 어머니는 3남3녀의 우리들을 낳으셨다.

그뿐만이 아니다. 낳자마자 죽어버린 쌍둥이와 어렸을 때 돌아가신 누이까지 합하면 아홉 명의 아이들을 배고 또 낳으셨다. 야구팀을 짜도 될 만한 숫자의 아이들을 그 작은 몸으로 배고 낳으셨던 것이다. 그러니 그 배가 성할 리가 없다. 한껏 아이를 배었다 낳으면 그 팽팽했던 흔적이 균열을 일으켜 보기 흉한 자국을 남긴다. 이런 고통이 평생을 두고 어머니에게 이어져 내려온 것이다. 하나의 아이가 그 뱃속에서 자라고 나오기까지 어머니의 배는 얼마나 찢기고 터지고 균열을 일으킨 것일까. 해마다 자라는 나무의 눈금이 나이테를 이루듯 아홉 명의 아이들이 그 배를 나와 태를 끊고 탄생되었다. 그러기까지 어머니의 배는 얼마나 찢기고 터졌을 것인가.

어머니.

어머니와 함께 갔었던 어린 날의 목욕탕 장면이 요즈음 자꾸 머리에 떠오릅니다. 참 그땐 즐거웠었지요, 어머니. 경허 스님이 보여 주셨던 법문처럼 이제 저는 나이가 들어 어머니와 그 어린 날의 목욕탕에 함께 들어갈 수는 없습니다. 목욕탕 주인이 문 앞에서 저를 들여보내지도 않겠지요. 아니, 그 목욕탕 주인이 들여보내 준다 해도 이제는 어쩔 수가 없지요. 어머니는 이 세상에 아니 계시고 나는 아직 이 세상에 남아 있으니까요. 기억나세요, 어머니? 중학교 1학년 때인가. 그 지긋지긋하던 여탕에서 벗어나 성인으로서의 독립을 선언하던 날, 어머니는 남탕으로 들어가는 내 등 뒤에다 대고 몇 번이고 이렇게 소리치셨지요.

"꼭꼭 때를 밀어라. 머리는 세 번씩 감고. 물이 뜨겁다고 욕탕에 안 들어가서는 안된다."

어머니는 여탕으로, 나는 남탕으로 들어간 그 첫날. 어머니는 여탕 쪽에서 이따금씩 내게 이렇게 소리쳤었지요. 그땐 남탕 여탕이 비록 칸막이가 되어 나뉘어 있었지만 허공으로는 통하여 어머니가 소리지르면 그 소리가 그대로 내 귓가에 그렁그렁 들려왔었지요. 목욕탕 안이 울려 그대로 메아리가 되어 울려 퍼지곤 하였지요.

"깨깨 씻어라. 깨깨 씻어라(꼭꼭 씻으라는 말의 이북 사투리), 인호야."

"알겠어요, 어머니."

"머리도 세 번씩 감고."

"알겠어요, 어머니."

"뜨거운 물에는 들어갔었냐?"

"들어갔었다구요."

내가 꼬박꼬박 대답하는 것을 보던, 뜨거운 욕탕에서 하나 둘 셋 넷 하고 천까지 헤아리던 할아버지가 내게 이렇게 말하였었지요.

"네 어머니냐?"

"네."

"극성스럽기도 하구나. 지독한 어미로군."

어머니.

지금도 기억하고 있습니다. 이제 그만 나가자 하고 소리질러대는 어머니는 여탕에서 나오시고 제가 남탕에서 나온 그 목욕탕 앞길에는 이미 어둠이 내려져 있었지요. 어머니는 제가 깨깨 때를 씻었나 쭈글쭈글 물기가 빠져 나간 손등을 꼼꼼히 검사하였지요, 어머니. 그때가 참 그리워요. 어머니, 그때 어머니는 웬 떡으로 제게 만두를 사 주었지요. 둘이서 중국집 창가에 앉아서 접시에 나온 만두를 하나씩 둘씩 나눠 먹었지요. 하나 남은 만두를 내게 먹으라고 자꾸 밀어 주셨지요. 어머니, 제가 대견스러워서 만두를 사 주셨나요? 어머니, 나를 열 달이나 그 뱃속에 품으셨다 산고 끝에 낳으셔서 더 찢어지고 더 터진 그 배는 이제 먼지가 되어 썩어가고 있겠지요. 어머니, 그리스도교 초기에 사막에서 살던 난쟁이 교부 요한은 우리에게 이렇게 말하고 있지요.

"죽음이 가까이 있음을 항상 잊지 않기 위해서 이미 죽어 무덤 속에 있는 듯 살아갈 일이다."

어머니.

나이가 들수록 옛일이 자꾸 생각나요. 어머니와 둘이서 그 옛날로 되돌아가 그 옛날의 목욕탕으로 가보고 싶어요. 목욕탕 주인이 내게 몇 살이냐고 물으면 나는 이렇게 대답할 것입니다.

"아홉 살이에요, 아저씨. 초등학교 3학년이구요."

그후 2년

사십 년 가까이 미국에서 살던 둘째 누이가 우리나라에 돌아와 함께 살고 있는 지가 벌써 일년이 넘는다. 내가 초등학교 3학년 무렵, 여의도에서 프로펠러 비행기를 타고 미국으로 유학 갔던 둘째 누이는 그곳에서 결혼하고 자식들을 세 명씩이나 낳고 완전히 미국 시민이 다 되었다가 우연찮게 매형이 우리나라에 직장을 얻음으로써 재(再)이민하여 같은 서울에서 벌써 일년 이상 함께 지내고 있다.

그 누이가 언젠가 나를 만나서 함께 커피를 마시다가 이런 말을 한 적이 있었다.

"요즈음 들어 가끔 어머니 생각이 난다. 아들딸 셋을 키우는 것도 참으로 어려운 일이었는데 도대체 어머니가 어떤 가정교육의 방법으로 우리들 여섯을, 남편도 없이 혼자의 몸으로 별로 비뚤어진 아이들 없이 무사히 다 키우셨는지 무슨 비법이라도 있는 게 아닐까 간혹 생각해 보곤 한다."

요즈음 나도 누이처럼 어머니를 떠올릴 때가 많이 있다. 벌써 돌아가신 지 이 년이 되어가는 어머니의 모습이 그립기도 하지만 누이의 말처럼 도대체 어머니가 무슨 방법으로 우리들 여섯을, 훌륭하게는 아니지만 별로 모난 데 없이 비뚜로 키우지 않았던 그 비법이 무엇일까 곰곰이 생각해 보곤 한다.

큰딸아이는 벌써 고등학교 3학년, 아들 녀석은 올해로 고등학교 1학년이다. 두 아이를 키우는 것만으로도 우리 부부는 쩔쩔맨다. 고등학교 3학년인 딸아이를 뒷바라지하느라고 아내는 벌써 반년 이상 딸아이의 침대에서 함께 자고 함께 밤을 새우는 유목민 생활을 계속하고 있다. 평소에는 말로만 듣던 '고삼병'의 증후군을, 요즈음 나는 철저히 통감하고 있다. 도대체 장관 나리들의 아이들은 다 공부를 잘해서 척척 대학에 들어가는지 어쩐지는 모르겠지만 이 엄청난 비극에 대해서 나는 정말 가슴이 아프고 견딜 수가 없다.

데모하는 대학생들과 임금을 올려 달라는 노동자들만 무서워하는 이 정부는 우리들의 어린 아들딸들이 시들어가고 병들어가는 것에 대해서는 왜 모른 체들 하는가. 그 아이들이 아직 미성년자들이어서 자신들의 고통을 집단 시위 행동으로 나타내 보이지 않아서 모른 체하는가. 미래를 짊어질 우리 아이들이 그 엉터리 같은 대학입시 때문에 육신이 병들고, 영혼이 병들고, 가엾게도 빛나는 청춘의 시기에 시들어가는 모습을 모른 체만 할 것인가. 자살을 하는 우리 아들딸들이 늘어나도, 급한 일들이 많으니 다른 것에만 급급한 위정자들은 우리 아들딸들이 죽어가고 병들어가고 있는데, 그 이상 더 무엇이 급하고 더 무엇이 소중할 것인가.

우리나라의 그 지옥과 같은 입시제도는 우리들의 착한 아들딸들을 모두 신경질적이고 짜증을 잘 내고 늘 어두운 표정을 짓고 다니며 푹푹 한숨을 쉬고 언제나 폭발해버릴 것같이 자살 충동을 느끼며 잠이 모자라 꿈속을 걸어다니는 몽유병자들로 만들고 있다.

가엾은 내 딸아이, 가엾은 내 아들 녀석을 보면서 나는 요즈음 매일같이 가슴이 아프다. 남의 자식을 보아도 가슴이 아프고, 자살했다는 고등학생 기사를 보면 눈물이 난다. 도대체 얼마나 많은 아이들이 죽어야만 우리들이 정신을 차릴 것인가. 도대체 얼마나 많은 아이들이 병들어야만 어른들인 우리들이 정신을 차리겠는가.

그럴 때면 나는 벽에 걸린 어머니의 사진을 들여다본다.

둘째 누이의 말처럼 어머니는 어떻게 우리 여섯을 키우셨는가? 초등학교밖에 못 나온 무식한 어머니는 요즈음 어머니들처럼 가훈이나 가정교육의 철학도 가지지 못한 그저 그런 어머니였었다. 그런데도 어머니는 아버지를 일찍 여의시고 우리들 여섯 형제를 그렇게 훌륭하지는 않지만 그렇다고 아주 몹쓸 만큼 키우지도 않으셨다. 돈

어머니는 어떻게 우리 여섯을 키우셨을까?

이 없으면 하숙을 쳐서라도 어머니는 우리 여섯을 모두 대학교에 진학시켰다.

먹고 살기 바빠서 어머니는 그저 되는 대로 우리들을 본의 아니게 자율적으로 키우셨음일까?

며칠 전 아들 녀석이 형편없이 시험을 못 보고 등수가 훨씬 떨어진 성적표를 보여주자 나는 화가 나서 아들 녀석을 심하게 꾸짖었었다. 내 입에서 나온 꾸중은 누구나의 집에서나 꼭 한마디씩 나오는 그런 통속적인 꾸중이었을 것이다.

"이 자식아, 이 성적으로는 서울에 있는 대학에 못 간다구. 이 자식아, 너 이 다음에 서울에 있는 대학에도 못 가고 저 멀리 지방대학으로 유학을 갈 셈이냐. 정신차려, 이 친구야. 여보게, 정신차려 이 친구야."

한바탕 아들 녀석에게 꾸중을 하고 나서 그 다음날 오랜만에 충청도에 있는 수덕사로 여행을 떠났었는데 그 여행길에서 나는 차를 몰아 나가면서 곰곰이 어머니에 관한 옛 기억들을 더듬어 보았다.

나는 지금껏 어머니에게서 공부를 하라는 말을 한 번도 들어본 적이 없었다. 그것은 형도, 동생도, 누이도 마찬가지였다. 어머니께서는 단 한번도 우리에게 성적표를 보자고 명령하신 적이 없었다. 우리 형제들 모두가 공부를 썩 잘하였기 때문에 그런 것은 아니었다. 우리는 언제나 책상 속에 들어 있는 어머니의 도장을 우리가 마음대로 성적표에 찍을 수가 있었다. 몸이 아프면 어머니는 우리에게

학교에 가지 말라고 하였고 우리는 결석계를 우리가 써서 어머니의 도장을 마음대로 찍어 담임 선생님에게 제출하곤 하였다. 서울대 경제학과에 들어간 형님이 고등학교 3학년 때 기하인가 하는 수학 과목에 20점을 맞은 적이 있었는데 어머니는 교무실에 불려 다녀와서도 형님에게 이렇게 말씀하셨던 것을 나는 지금도 기억한다.

"쉬엄쉬엄 하거라. 너무 애쓰지는 말아라."

어머니는 그저 중학교 입시를 앞둔 내게 점심마다 더운 밥을 해오실 뿐 아무런 강요도 채근도 하지 않으셨다.

내가 중학교 1학년 때 형은 같은 고등학교의 3학년이었는데 나는 매일같이 집에서 걸어서 5분이면 닿을 수 있는 학교에 형의 더운 도시락을 날라다 주곤 하였었다. 어머니의 뜨거운 도시락은 유명해서 중학교 1학년 땅꼬마인 내가 도시락을 들고 가면 고3 형들이 도시락을 받아 형에게 건네 주면서 이렇게 놀리곤 하던 소리를 나는 지금도 기억하고 있다.

"도시락 배달 왔습니다. 뜨끈뜨끈한 도시락 배달이오."

대학교 1학년 때 나는 낙제를 했다. 대학교 1학년 때 성적표를 받아들고 학점이 평균 미달이었으므로 학적과에 찾아갔더니 사무처 직원이 내게 극히 사무적인 목소리로 이렇게 말하였다.

"학생은 학점이 미달이어서 1학년을 다시 한번 더 다녀야 합니다."

대학교 1학년 때 나는 수업시간보다 더 많이 영화관을 다니고 있었지만 설마 대학교에서까지 낙제가 있는 줄은 전혀 몰랐었다. 대학교 1학년을 다시 한번 다녀야 한다는 말을 들었을 때 내가 가장 괴로웠던 것은 그 비싼 등록금을 내고 다시 한번 1학년을 다니는 것이 참으로 염치없는 일이라고 느껴졌던 점이었다.

당시 누이와 형, 나 셋이 한꺼번에 대학에 다니고 있었으므로 매학기 등록철이면 어머니는 별 수 없이 방을 다 전세로 줄 수밖에 없었던 때문이다. 이미 대학교 1학년 때 방이란 방은 모두 세를 주었고 그 셋돈은 모두 우리 삼형제의 등록금으로 들어갔기 때문에 내가 한 번 더 대학교 1학년을 다녀야 한다는 직원의 말을 들었을 때 가장 미안하였던 것은 어머니에 대한 염치없음이었다.

그러나 이미 어쩔 수 없는 일. 집으로 맥없이 돌아와 어머니에게 '엄마, 나 낙제했어. 대학교 1학년을 한 번 더 다녀야 한대. 미안해' 하고 이실직고하자 어머니는 지금 생각해도 이상하리만치 표정이 담담하셨다. 담담했을 뿐 아니라 소리내어 웃으셨던 것을 나는 지금도 분명히 기억하고 있다.

내가 낙제해서 대학교 1학년을 다시 다니게 되자 어머니는 만나는 친척에게마다 이렇게 말하며 재미있어하셨었다.

"글쎄, 저 애가 대학교 1학년 때 낙제를 했다우. 그래서 1학년을 두 번씩이나 다니고 있다우. 집안 족보에도 없는 자식이 하나 생겼다우. 내 참, 호호호호."

수덕사로 몰아가는 차 속에서 나는 하나의 진리를 깨달았다.

나는 둘째 누이가 궁금해 하였던, 초등학교밖에 못 나온 어머니의 비범한 교육철학을 비로소 깨닫게 된 것이었다. 그것은 자식에 대한 '믿음'이었다. 어머니는 신식교육을 받지 못하셨으므로 유식하다거나, 교육방법이 투철한 그러한 신식 어머니는 아니셨다. 그러나 어머니에게 있어서 우리들 자식은 하나의 신앙이셨다. 어머니는 우리를 그냥 맹목적으로 믿으셨다.

'너희에게 겨자씨만한 믿음이 있더라도 이 산보고 저곳으로 옮겨져라 해도 그대로 될 것이다' 라는 성경의 말씀처럼 어머니는 그냥 우리들을 믿으셨다. 형이 기하에서 20점을 맞아도 우리를 믿으셨고, 내가 대학교에서 낙제를 하여도 어머니는 우리를 믿으셨다. 내가 대학에 다닐 때에 결혼을 하겠다고, 마른 하늘에 날벼락 같은 선포를 하여도 어머니는 그저 우리를 믿으셨다. 그 믿음이 우리들을 키운 가정교육의 기본철학이었던 것이다. 종교에 있어서도 바위와 같은 믿음이 있을 때 순교는 탄생되며 신앙은 열매 맺는다. 어머니는 비록 무식하셨지만 우리들 여섯 형제들을 굳게 믿었으므로 우리들 여섯 형제들은 별탈 없이 크고, 성장하게 된 것이다.

그렇다.

두 아이에 대한 내 믿음은 어머니의 믿음을 당해내지 못한다. 자식들에 대한 아내와 나의 불신(不信)이 아이들을 괴롭히고 그들을 상처 입히고 있다.

바라옵건대 어머니.

마흔의 중반 나이에도 철부지인 이 아들에게 '믿음'을 가르쳐 주십시오. 두 아이들을 믿음 속에서 사랑하고 믿음 속에서 이해하고 믿음 속에서 위로할 수 있도록 어머니, 내 곁에 항상 머물면서 다정히 속삭여 주세요. 그리운 어머니.

그후 4년

지난 11월 2일은 어머니가 돌아가신 지 4주년이 되는 기일(忌日)이었다. 서양 속담에 '눈에서 멀어지면 마음에서 멀어진다'는 말이 있듯이 어머니에 대한 슬픔도, 그리움의 감정도 날이 갈수록 많이 퇴색되어 그저 아련한 느낌만 담담하게 남아 있다.

내가 누워 자는 잠자리를 보면 눈에 가장 잘 띄는 책상 앞에 어머니의 사진을 놓고 지내므로 하루 종일 어머니의 초상과 마주하고 있는 셈이다. 좋아하는 사람의 사진은 가까운 곳에 두고 지내는 게 참 좋은 것 같다. 어머니의 사진을 마주하면 이별의 슬픔이라든가 보고 싶다는 그리움의 감정이 새삼스럽게 떠오르는 것이 아니라 그저 인생이란 그저 그런 것이라는 아련한 추억 같은 것만이 떠오를 뿐이다.

요즈음엔 어렸을 때 어머니의 치마에서 맡을 수 있던 냄새를 떠올리곤 한다. 어머니의 치마에서는 김치 냄새와 반찬 냄새와 화장품 냄새와 어머니만이 가질 수 있던 혼합된 냄새가 나고 있었다. 결코 아름다운 향기는 아니었지만, 사는 데 지친 여인만이 풍길 수 있었던 그 냄새에 대한 그리움을 어렴풋이 떠올리곤 한다.

10월 말쯤.

집안 정리를 시작하면 구석구석을 다 뒤집어엎어야만 직성이 풀리는 아내가 이사오고 이 년 동안 미루어왔던 자질구레한 사진, 편지 같은 잡동사니들을 정리하다가 돌아가신 어머니가 자기에게 보낸 편지를 발견해내고는 그것을 내게 내밀었다.

나는 막연히 어머니가 언젠가 내게 보냈었던 편지를 떠올렸다.

무엇이든 내버리지 않고 꼬박꼬박 모아두고 있던 아내는 집안 대청소를 하는 동안 어머니의 편지를 발견해낸 모양이었다.

"당신에겐 아주 반가운 선물."

집에 늦게 들어간 내게 아내는 두 장의 편지를 내어밀었다. 나는 그 편지를 보았는데 놀랍게도 두 장의 편지지에 볼펜으로 빽빽하게 쓴 어머니의 낯익은 편지였다.

나는 어머니가 보내주신 십오 년 전의 편지를 다시 읽어 보기 시작하였다.

아아. 우리는 얼마나 소중한 사람들을 가볍게 생각하고 있을까.

다해(다혜) 엄마에게.

두 번 편지 잘 바다보앗다. 너의 두 내위도 잘 잇고 우리 귀여운 다해, 경재도 잘 논다니 뭇어보다도 깁뿐이리로다. 이곳 여러분도 잘 지내고 영호(내 동생)네도 잘 잇다. 나도 그동안 건강하엿는데 먼 영행에 짓처서 몸살 겸 압허서 요즘 병원에 다니는 중이다. 과히 조치 안은 진단이 나와서 나로서는 마음이 불안하다. 심장도 빠르고 당노가 나오다고 하고 2, 3년 전에 바른쪽 귀가 소리가 좀 나서 괴로원는대 학국(한국)에서 이곳 올 적에 비행기 주이를 잘못하여 두 귀를 고막을 찍는 것갓치 압흐던니 지금은 두 귀에서 소리가 넘먼나(너무나) 요란스럽게 나 잠자기도 매우 괴롭다. 병원에서는 고막이 구멍이 낫다고 하니 뇨닌(노인)이라 붓기(낫기)가 힘든다고 한다. 여기선 병원에 간는 것이 참 힘든데다 멧칠 전에 의약(예약)하고 오라는 날자에 감으롯서 급한 환자는 더욱이나 힘들겟드라. 다해 아범도 넘머 마음 스지 말고 서서히 해나가도록 노력하고 어멈도 식모 업씨 얼마나 힘이 든냐.

다해 위(외)할머니께서 좀 와 게시면 조흘 것 갓구나. 문화촌집 꽃나무 두 구루 갓따 심게 하여라. 정은 엄마(형수)한테도 말하엿다. 나무 파낼 적에 가상사리(가장자리) 흑을 둥그렷게 돌려파서 가마이(가만히) 나서 흑(흙)을 싸고 쌕기줄(새끼줄)가마서 집에 갓 둥그렷게 땅을 파고 가마니 채로 무드면 가마가 썩어서 거름이 되어 참 조흘 것시라. 가마가 업스면 장미 싸튼 짐도 널찍이 퍼서 흑만 퍼지지 아케 하면 조혼이라 부탁이다. 나는 정은이 압빠 올 적에 갈는지 굿대 형편 달라 행할 거시니 그리 알고. 나로서는 직금이라도 가고 심지만 영주권 무효된다니 열마나 압깝지 아느냐(어머니는 미국에서 영주권을 얻었었다). 만 일년 후면 학국에 나가도 3개월 잇다와서 또미할 수 잇고 한니 9월에 갈찌 몸히 좀조치 안여(않아) 학국병원 다니면 치료를 하엇쓰면 한다. 과히 염려하지는 말아라.

집에 대문에도 칠을 하고 지하씨(지하실) 문도 다시 하여 달라고 하연느냐. 정화체(정화조)는 잘 나그는지 걱정이다. 하수도를 그럿케 엉텅리(엉터리)로 하니 내가 보지 안아드라면 참 크린라 변햇지(큰일날 뻔했지). 할 것 잇스면 시이리(시일이) 가기 전에 사장 보고 말 잘해서 부탁하여라.

그리고 이곳 충섭이 부친(큰매형)도 취직이 되고 영표 압빠(셋째 매형)도 취직이 되여 요 갓차운(가까운) 곳으로 가니 섭섭하지만 잘되여서 가니 무엇보담도 깁뿐이라. 이곳은 1년 12달 꼿치(꽃이) 피고 새가 울고 기후가 조와셔(좋아서) 살기는 조흔 곳이더라.

나는 매일 편지통 보는 것 일과이니 종종 편지 보내라.

그럼면 난성 첨은 내가 떨니는 손으로 써서 말리나 되연는지 짐작하여 보아라.

우리 다해, 경재, 멀리 미국서 할머니가 뽀뽀한다.

나는 어머니의 편지를 받았으나 어머니가 시키는 대로 한 적은 단 한번도 없었다. 잔소리 심한 어머니가 미국에서 몇 년 더 계시다가 오셨으면 좋겠다고 은근히 바라고 있었으며 어머니가 그토록 상세히 설명해 준 나무 두 그루도 문화촌 형네 집에서 파다 우리집 정원에 옮겨 심지 않았다. 매일 편지통 들여다보는 것이 일과니 편지 좀 보내 달라는 어머니의 부탁에도 나는 한 번도 편지조차 쓰지 않았다. 너무 애쓰지 말고 서서히 일해 나가라는 어머니의 부탁에도 나는 욕망에 불타서 무슨 전쟁에 나선 결사대원처럼 글을 쓰고 또 쓰고 있었다.

어머니의 편지가 실제로 배달된 것은 십오 년이 지난 최근의 일이다. 십오 년 전에 부친 어머니의 편지가 어머니의 마음을 싣고서 내 마음의 우체통까지 배달되기에 무려 십오 년의 세월이 흐른 것이다. 물론 십오 년 전에 나는 어머니의 편지를 받긴 했었다. 그러나 그것은 내 눈에 잠시 머물다 갔을 뿐 마음의 깊은 곳으로는 미치지 못하였던 것이다. 어머니의 편지를 나는 내 마음대로 해석하고 노인의 잔소리쯤으로 취급하고 유식한 어머니 행세하느라고 일부러 멋부려 보낸 감상적 편지로만 가볍게 취급하였던 것이다.

아아. 우리는 얼마나 소중한 사람들을 가볍게 생각하고 있을까.

살아 있을 때, 함께 어울려 있을 때 서로가 서로에게 소중한 사람이라는 것을 깨달을 수 있다면.

나는 어머니의 편지를 표구해서 내 책장 앞에 놓아둘 예정이다. 그리고 날이면 날마다 다시 읽을 것이다. 너무 애쓰지 말고 서서히 일해 나가라는 어머니의 충고를 그대로 지켜 나갈 것이며 정화조는 잘 청소하도록 할 것이다.

그리운 어머니.

십오 년 만에 답장을 씁니다. 어머니는 제 답장을 참으로 많이 기다리셨죠? 어머니가 쓴 편지를 이제야 눈이 떠져 십오 년 만에 읽었어요.

어머니, 나는 눈뜬 장님이었습니다. 어머니, 지금 어머니가 계시는 곳도 일년 열두 달 꽃이 피고 새가 울고 기후가 좋아서 살기는 좋은 곳이겠지요. 어머니가 뽀뽀하던 다혜는 벌써 대학생이 되었고 도단이는 고등학교 3학년이 되었답니다. 인생이란 참으로 빨라 쏘아 놓은 화살과 같군요.

어머니는 이제 생과 사의 언덕을 넘어 우리의 눈으로는 볼 수 없고 우리의 귀로는 들을 수 없고 우리의 손으로는 만질 수 없는 그 어디엔가 계십니다. 그러나 어머니, 우리는 언젠가 그 어디에선가 다시 만나겠지요. 그때는 어머니와 아들의 관계가 아닌 단 한 분의 아들딸로서 또다시 만날 것입니다.

어머니, 늘 아들인 저와 함께 계셔 주십시오. 제가 아플 때 펄펄 끓던 이마에 어머니의 손이 닿기만 해도 신열이 내리던 그 기적의 손 그대로, 어머니… 그대로 내게 어머니로 늘 나를 보호하고 내게 기적의 손을 이마에 대어 주셔요.

어머니, 어머니의 치마에서 나던 그 냄새를 요즈음 가끔 떠올립니다. 학교 갔다 집에 돌아와 어머니에게 매달려서 어머니의 치마에 얼굴을 묻고 맡던 그 복잡했던 어머니의 냄새. 그 냄새가 오십이 다 된 이 중늙은이의 코에 생생하게 기억되어 떠오릅니다. 어머니, 도대체 삶이란 무엇인가요….

한 달 전쯤 나는 소중한 물건을 잃어버렸다. 나는 별로 물건에 대한 애착이 없다. 무슨 물건을 특별히 좋아하거나 아끼는 편이 아니다. 내가 보는 텔레비전은 컬러 방송이 시작될 때 산 것인데, 그러니까 이십 년이 다 되었다. 줄이 죽죽 나오고 화면이 흔들리는데도 나는 그저 이 텔레비전을 본다. 구두를 한 켤레 사면 그 구두가 닳아서 다 해질 때까지 신는다. 밑창을 갈고 굽을 갈아 달고 그러다가 도저히 신을 수 없게 되면 버린다. 특별히 아끼는 옷도 없고 자동차에 대한 애착도 없다. 나는 시계라든가, 전자 상품에 대한 호기심조차도 없다. 휴대폰도 있지만 가지고 다니지 않는다.

그런데 내게도 아끼는 물건이 하나 있었다. 십년이 넘는 동안 나는 이 물건을 항상 오른쪽 주머니에 넣고 다녔었다. 단 하루도 이 물건을 오른쪽 호주머니에서 빼어놓은 적이 없었으니, 그런 의미에서 이 물건은 무신경한 내가 가장 소중하게 생각했던 물건인 것이다.

그렇다고 이것은 값비싼 물건이 아니다. 가톨릭 신자들이 갖고 다니는 성물(聖物) 중 하나인 묵주이다. 불교에서 사용하는 염주와 같은 물건인데 가톨릭 신자들은 기도를 할 때 주로 이 묵주를 사용하고 있다. 이 묵주는 돌아가신 어머니가 사용하던 물건이었다. 어머니가 돌아가셨을 때 나는 묵주 두 개를 가져왔다. 하나는 돌아가시기 직전까지 어머니가 사용하시던 묵주였고, 또 하나는 어머니가 영세 받으실 때부터 갖고 계시던 묵주였다.

어머니가 영세 받으신 것이 아버지가 돌아가신 직후였으니 아마도 1956년도쯤 되었을 것이다. 어머니가 돌아가신 것이 1987년. 그러니까 그 묵주는 삼십 년 이상 사용하시던 묵주인 것이다.

어렸을 때부터 나는 어머니의 손에 그 낡은 묵주가 들려 있는 것을 자주 본 적이 있었다. 남편을 여의고 어린 자식들만 올망졸망 거느린 어머니는 사는 게 고통스러우셨는지 저녁마다 그 묵주를 손에 들고 '하늘에 계신 우리 아버지'를 외우셨고 '은총이 가득하신 마리아'를 외우셨다. 그러다가 깜빡 졸기도 하셨고 '아멘, 아멘' 하고 잠꼬대를 하기도 하셨다. 남편을 잃고 생계를 꾸려 나가셨던 어머니는 하루하루가 고통이셨을 것이다. 우리는 어머니가 기도하는 한 옆에서 '홀쭉이와 뚱뚱이'의 라디오를 듣고, '아이 엠 어 보이'를 읽고,

'데르 데스 뎀 덴'을 외웠었다.

그 낡은 묵주가 어머니의 머리맡에 놓여 있었다. 하도 오래되어 알을 연결하는 쇠줄이 녹이 슬어 끊어져버렸을 정도였다. 어머니가 돌아가신 후 나는 이 묵주를 들고 혜화동 로터리에 있는 가톨릭 서원을 찾아갔었다. 이런저런 책을 고르다 말고 그 묵주를 꺼내 보였더니 서원 여주인이 자신이 잘 아는 수사님이 한 분 계신데 묵주를 잘 고치시는 분으로 유명하니 한번 맡겨 보자는 것이었다. 그래서 묵주를 주었는데 과연 일주일쯤 뒤에 서원에 들렀더니 여주인이 튼튼하게 잘 고쳐진 묵주를 내어주었다.

너무나 고마워서 나는 그 묵주를 들고 혜화동 로터리를 내려오며 화원에 들러 꽃씨 한 봉지까지 샀었다.

그 묵주를 잃어버린 것이었다. 엄마의 묵주.

엄마가 영세를 받을 때부터 갖고 계시던 묵주. 삼십 년 이상 오래되어 엄마의 손때가 묻어 있던 묵주. 우리가 초등학생, 중학생, 대학생, 그리고 제 잘난 줄 알고 장가를 가서 애 아빠가 될 때까지 '은총이 가득하신 마리아'를 외우고 기도하시던 엄마의 묵주. 하도 수고하여 손가락의 지문이 다 닳아버린 엄마의 손처럼, 하도 엄마가 손에 들고 기도하여서 줄이 끊어지고 닳아버린 엄마의 묵주, 바로 그 묵주를 잃어버린 것이었다.

지난 십여 년간 난 그 묵주를 내 오른쪽 호주머니에서 빼어놓은 적이 없었다. 외출할 때면 나는 호주머니 속에 그 묵주가 들어 있는 가부터 확인하곤 했었다. 잠을 잘 때도 내 머리맡에 그 묵주를 두고 잠을 자곤 했었다. 주로 오른손으로 움켜쥐고 잠을 자곤 했었는데, 그러면 아침에 잠을 깨어도 그 묵주가 내 손에 그대로 들려 있는 것을 매번 확인하곤 했었다.

어머니가 있다.

호주머니 속에 그 묵주가 들어 있는 것이 느껴지면 나는 어머니와 손을 잡고 함께 걸어다니는 느낌을 받곤 했었다. 어릴 때 몸이 아프면 어머니가 내 이마를 만져 주곤 했었다. 그럴 때면 신기하게도 온몸에서 신열이 빠져 나가곤 했었다. 마찬가지로 어머니가 사용하던 그 묵주를 찾아 쥐면 어머니의 손을 만지는 느낌이 들어서 나는 항상 마음이 든든하였다. 어머니의 묵주는 바로 엄마의 손이었던 것이다. 십년 동안 그 묵주는 나의 분신이었으며, 나와 함께 다니지 않은 곳이 없었다. '잃어버린 왕국' 을 취재할 때는 일본을 함께 여행했었고, '왕도의 비밀' 의 촬영을 위해 10만 킬로미터의 대장정을 벌일 때도 그 묵주는 항상 나와 함께 있었다. 중국 경찰에게 체포되어 구금되었을 때도 나는 손에 어머니의 묵주를 쥐고 두려울 것이 없었다. 교통사고로 죽을 뻔했을 때도 그 묵주는 내 손에 들려 있었으며, 그 묵주는 나를 지켜 주는 어머니의 손이었으며, 또한 나의 수호신이었다.

그 묵주를 잃어버린 것이다.

그 묵주를 가지고 다니던 십년 동안 난 두 번씩이나 잃어버린 적이 있었다. 한번은 대전에 무슨 볼일이 있어 내려갔다가 호텔에서 사용하는 가운 속에 그 묵주를 넣고 호텔을 나온 적이 있었다. 뒤늦게 그 사실을 알고 호텔에 시외전화를 걸어 확인해서 찾은 적이 있었으며, 또 한번은 정말 기적적으로 찾은 적도 있었다.

5년 전쯤 되었을까.

아는 사람의 친척이 돌아가셨다는 말을 듣고 빈소에 조문하고 압구정동에 있는 만두집에 들렀다가 집으로 돌아와 차에서 내리려는 순간 갑자기 주머니 속에서 그 묵주가 없어진 사실을 발견했던 것이다. 빈소에서 손에 묵주를 들고 돌아가신 사람을 위해 기도를 했던 기억이 나는 것을 보면 그 묵주가 호주머니에서 빠진 것은 틀림없이 만두집에서였을 것이라 생각하고, 나는 차를 몰고 그 즉시 압구정동으로 달려갔다. 그때가 아마 한여름의 장마철이었던 것으로 기억된다.

차를 몰고 달려가면서 나는 정말 간절히 기도했었다.

"하느님, 이건 정말 저에게 소중한 물건입니다. 찾게 해주십시오. 주님께 드리는 저의 소망이 거창한 것이 아닌 작은 것이 아닙니까. 그러니 제발 이 묵주를 찾게 해주십시오."

왠지 찾을 수 있을 것 같다는 느낌을 받아, 나는 비가 쏟아지는 골목을 달려 압구정동으로 가 보았다. 내가 앉았던 자리를 샅샅이 뒤져 보았지만 그 묵주는 없었다. 그 묵주가 무슨 사람들이 탐을 낼 만한 귀금속도 아니어서 주워 갈 리가 없었으므로 나는 차에서 내려 걸어갔던 그 골목을 서너 차례 왕복하면서 혹시 아스팔트 위에 떨어져 있는가까지 확인해 보았다. 그러나 없었다. 낙심해서 돌아가려는데 차를 세워 두었던 그 앞자리 바로 밑 하수구 옆에 그 묵주가 장마비에 젖어서 떨어져 있는 것을 발견할 수 있었다.

난 그것을 기적이라고 생각한다.

하느님이 내 간절한 기도를 들어 주셨기 때문에 모래밭에 떨어진 바늘을 찾는 것과 같은 기적을 베풀어 준 것이라고 난 생각했었다.

그런데 바로 그 묵주를 잃어버린 것이었다. 일요일이었다. 분명히 주머니에 넣고 나갔으니 성당이 아니면, 미사가 끝난 후 점심을 먹었던 우래옥 아니면, 목욕탕이 아니면, 시장을 본 아내의 물건을 운반해 주기 위해서 들렀던 현대백화점의 주차장 네 곳 중 하나에서 그 물건을 잃어버린 것이다.

나는 왠지 내가 갔었던 그곳을 거슬러 뒤져 올라가면서도 이번에는 묵주를 영원히 잃어버릴 것 같다는 불길한 예감을 받았다. 먼젓번과는 달리 행동반경도 크고, 이동 거리가 길었기 때문이다. 아내를 도와 백화점 카운터까지 내려갔었으니 복잡한 백화점의 복도에 그 묵주를 떨어뜨렸을 수도 있었을 테니까.

우래옥과 목욕탕과 성당까지 역순해서 내가 갔었던 곳을 모두 뒤져 보았으나 그 묵주는 없었다. 솔직히 그때의 절망감을 난 정확히 표현할 수 없다. 어머니를 또 한번 여읜 것 같은 느낌이었다. 어린애처럼 울고 또 울었다. 쉰 살이 넘은 내가 겨우 묵주 하나 때문에 운다는 사실이 쉽게 이해되지는 않겠지만, 그러나 그 묵주가 내게 갖는 의미는 너무나 각별했기 때문에 난 정말 고통스러웠다.

사흘쯤 지났을 때 우연히 구약 성경의 한 구절을 읽게 되었다. 이스라엘의 영주였던 다윗이, 남의 부인이었던 바쎄바와의 사이에서 낳은 죄의 아들이 중병에 걸리자 살려 달라고 맨땅에 엎드려 하느님께 애원하는 장면이었다. 다윗은 일어나지도 않고 음식을 전폐하였다. 그러나 7일 만에 아이가 죽자, 다윗은 깨끗하게 옷을 갈아입고 음식을 먹기 시작했다.

이에 신하들이 물었다.

"아기가 살아 있을 때는 먹지도 않고 우시더니 아기가 죽었을 때는 음식을 드시니 어찌된 일입니까?"

이에 다윗은 대답한다.

"그 애가 살아 있을 때 운 것은 행여 하느님이 나를 불쌍히 보시고 살려 주실까 해서요. 그러나 아기가 이미 죽고 없는데 지금 운들 무슨 소용이 있겠소."

다윗의 대답은 진리다.

십년 동안 갖고 다녔던 어머니의 묵주는 내게 각별히 소중한 것이었지만 그것이 어머니는 아니다. 어머니를 떠올리게 하는 하나의 물건일 뿐이다. 그것을 찾을 수 있을 때까지는 내가 울면서 고통스러워할 수 있을지 모르지만, 일단 잃어버렸는데 내가 더 이상 고통스러워할 필요는 없지 않은가. 나는 그 순간 어머니의 묵주에서 해방되었다.

　요즈음 나는 오래 전 신부님이 주신 묵주를 손에 들고 잠을 잔다. 암에 걸려 돌아가셨던 젊은 사람이 임종 때까지 손에 들고 있던 나무 묵주인 것이다. 그뿐인가, 부산 베네딕도회의 두 수녀님이 내게 묵주 두 개를 선물했다. 다윗이 죽은 자식에서 해방되어 솔로몬을 낳았다면, 나는 어머니의 묵주에서 해방되어 수녀님이 주신 솔로몬의 묵주를 두 개나 새로 얻게 된 것이다.

흑백사진

중학교 3학년 때의 일이니 지금으로부터 거의 사십 년 전의 일일 것이다. 나는 학교의 도서관 창구 앞에 서 있었다. 창구 안에서는 나하고 같은 반의 친구가 도서를 대출해 주고 있었다. 창구 안은 도서관의 내실인 창고로 수천 권의 책들이 진열되어 있었고, 친구 녀석은 신청자가 빌려 보고 싶은 책의 제목을 적은 종이를 내밀면 진열장을 뒤져 그 책을 찾아오는 일을 맡아 하고 있었다.

나는 그때 독서광이었으므로 매일같이 도서관에서 밤 열 시까지 책을 빌려 읽곤 했었다. 지금 생각하면 닥치는 대로의 잡식성 독서였다.

《삼국지》를 비롯하여 《이방인》, 《젊은 베르테르의 슬픔》 등 외국의 명작소설들도 읽었지만 《실락원의 별》,《자유부인》 같은 연애 소설도 즐겨 읽곤 했었다. 그뿐인가. 도서관에는 중학생이 보기에도 야한 소설들이 있었다. 지금은 영화, 비디오, 소설과 같은 대중매체로 성에 관한 정보가 홍수처럼 범람하고 있어 상대도 되지 않겠지만 당시만 해도 그런 성적인 대상물은 전무하였다.

영화를 봐도 키스 장면이 고작이었고 키스하는 장면만 봐도 가슴이 뛰던 시절이었다. 책에서도 야한 장면이라야 기껏 서너 줄에 불과하였다. 물론 《벌레 먹은 장미》와 같은 소설이 학생들 간에 음서로 돌아다니고 있었지만 그것은 어디까지나 은밀한 거래에 불과하였다.

한참 성에 대해 호기심이 많은 나이였으므로 도서관에서 야릇한 장면이 나오는 책을 공짜로 빌려 볼 수 있다는 것은 짜릿한 기쁨이었다. 보통 책을 대출해 주는 도서관 요원은 고등학교 상급생이었는데 중학생 꼬마가 상급생 앞에 제목부터 이상야릇한 책을 내놓는 것은 몹시 쑥스러운 일이었던 것이다. 그런데 그날은 공교롭게도 같은 반 녀석이 대출 요원으로 창구 앞에 서 있지 아니한가. 이런 천재일우의 기회가 언제 또다시 찾아올 것인가. 그래서 나는 창구에 얼굴을 들이밀고 타협을 하기 시작하였다.

"야, 책 좀 빌려 줘라."

"무슨 책? 제목을 써야 할 게 아니야."

"야한 책 말이야. 빨간책."

"난 몰라."

친구 녀석은 시치미를 떼었다. 그러나 나는 녀석이 거짓말을 하고 있다는 사실을 알고 있었다. 도서관원들은 은밀히 어떤 책들이 야한 장면이 많이 나오는 책인가에 대한 정보를 풍부하게 갖고 있었고 바로 녀석에게 정보를 얻어 《여배우》란 책을 며칠 전에도 빌려 보았지 않았던가. 그런데 아쉬운 것은 한참 뜨거운 장면이 나오는 페이지가 면도날로 오려져 있었던 것이다.

"저번에 네가 빌려 주었던 《여배우》 같은 소설 말이야. 삼삼한 장면에서 면도칼로 오려 가지 않은 책을 말이야."

"몰라."

친구는 계속 시치미를 떼고 나는 집요하게 물고 늘어졌다. 자연 우리들의 다투는 소리가 커졌던 모양이었다. 갑자기 누군가가 내 어깨를 쳤다. 돌아보니 고등학교 2학년의 상급생이었다. 그는 우리들이 다투는 내용을 다 듣고 있었다는 듯 내게 물었다.

"그렇게 야한 소설이 보고 싶으냐? 그럼 내가 아주 찐한 소설을 가르쳐 주지."

상급생은 내 종이를 빼앗아 책의 제목을 썼다. 그가 쓴 책의 제목은 다음과 같았다.

'박씨부인전.'

그날은 아마도 비가 부슬부슬 내리던 날로 기억된다. 나는 《박씨부인전》이란 책을 빌려 도서관 한구석에서 읽기 시작하였다. 나는 상급생의 그 말을 반신반의하고 있었다. 박씨부인이라니. 자유부인이란 애정 소설의 제목도 있는데 그렇다면 이 박씨부인은 그 형님의 말처럼 야한 장면이 흥부의 박처럼 쏟아져 나오는 보물창고쯤 되는 것이 아닐 것인가.

나는 두근거리는 가슴을 안고 첫 페이지부터 읽기 시작하였다. 책의 내용은 다음과 같았다.

세종조에 이시백이란 사람이 있었다. 그는 어느 날 박 처사의 딸과 혼인을 하였는데 첫날밤에 박씨부인이 천하의 박색이며 흉물임을 알게 된다. 시백은 그 이후 아내 박씨를 돌보지 않았으며 가족들도 박씨의 얼굴을 보며 모두 비웃고 욕을 한다. 박씨부인은 후원에 별당을 짓고 그 별당에서 홀로 지낸다. 그러나 박씨부인은 영특하여 남편을 장원급제시켰으며 임경업 장군과 함께 호왕(胡王)의 군대를 물리친다. 그 순간 박씨부인은 액운이 다하였기에 일순간에 절세의 미인으로 변하는 것이다. 마침내 왕은 박씨부인을 충렬부인으로 봉한 후 두 사람은 아주 행복하게 되었다.

나는 그 책을 끝까지 읽었다. 처음에는 그 상급생의 말대로 언제 어디서 야한 장면이 나올지 몰라서 고리타분한 옛날이야기를 읽기 시작하였지만 나중에는 이야기 자체에 빠져들었기 때문이다. 몇 시간 만에 책을 다 읽고 난 후에야 그 상급생에게 멋지게 속아 넘어갔다는 사실을 깨닫게 되었다. 그 어디에도 야한 장면은 전혀 없는 고전소설이었던 것이다. 사십 년에 가까운 세월이 흘렀으면서도 아직도 그날 그 도서관의 장면이 명료하게 기억되고 있는 것은 그 얼굴도 모르는 상급생이 보여준 무언의 가르침 때문일 것이다.

톨스토이의 동화 중에 다음과 같은 것이 있다.

게으른 아들을 둔 농부가 어느 날 숨을 거두며 다음과 같이 유언을 한다.

"내가 밭 어딘가에 보물을 묻어 두었다. 내가 죽으면 그 보물을 찾아 갖도록 하여라."

게으른 아들은 아버지가 죽자 그 보물을 갖기 위해서 그 밭을 갈아엎는다. 그러나 아무 곳에도 보물이 없음을 알게 된 아들은 몹시 실망하였으나 마침내 갈아엎은 땅 위에서 곡식의 새싹이 파릇파릇 돋아나는 것을 본다. 아들은 아버지가 말씀하신 보물이 무엇이었던가를 그때서야 깨닫게 된 것이다. 그렇다. 그 상급생은 내게 있어 톨스토이였으며 또한 톨스토이의 동화에 나오는 아버지였던 것이다.

지금 내 책상 머리맡에는 낡은 흑백사진 한 장이 놓여 있다.

그것은 미국에 살고 있는 큰누이가 보내준 사진이다. 이 사진은 작년 북한에 살고 있는 친척들로부터 누이에게 전해진 것이다. 사진 속에는 열여덟 살의 새신부와 열아홉 살의 새신랑이 서로 손을 잡고 나란히 서 있다.

쪽진 머리에 한복 치마저고리를 입고 있는 새신부와 정장 차림에 올백 머리를 하고 있는 새신랑은 바로 내 어머니와 아버지의 모습이다.

그 새파란 청년 아버지의 얼굴과 그 어여쁜 새아씨 어머니를 쳐다보면 나는 가슴이 저민다. 나는 막연히 어머니가 태어날 때부터 할머니인 줄 알고 있었다. 마흔 살에 가까운 나이에 나를 낳았으므로 엄마가 학교에 오면 나는 창피해서 숨어버리고 누가 물으면 내 할머니라고 대답하곤 했었다. 그러한 내 마음을 알고 친구들 앞에 잘 나서려고 하지 않던 엄마. 마흔 살이 되기도 전부터 이가 모두 빠졌던 엄마. 그래서 남들 앞에서 얘기할 땐 입을 먼저 가렸던 엄마. 남편 먼저 잃고 아이들을 억척스럽게 키운 엄마. 언제나 어디서나 쪽진 머리에 쥐색 한복을 입고 다니던 구식 엄마.

그러나 사진 속 그 여인의 모습은 내가 아는 엄마의 모습이 아니었다. 그 여인의 모습은 내 엄마이기 전에 한 거룩한 여인의 모습이었다. 사랑하는 사람을 만난 여인의 기쁨과 자부심 같은 것이 흘러 넘치고 있었다.

그 아름다운 새아씨의 얼굴을 본 순간 나는 문득 사십 년 전 도서관에서 상급생에게 속아서 끝까지 읽었던 《박씨부인전》의 기억을 떠올렸다.

추악한 용모의 박씨부인이 어느 날 액운이 풀려 절세의 미인으로 변하는 《박씨부인전》의 내용처럼 내 어머니가 할머니에서 세월을 거슬러 절세미인의 처녀로 부활하고 있는 그 실제적 모습을 내 눈으로 보고 있는 것이다. 저 아름다운 처녀는 저 사진을 찍을 당시만 해도 자신의 뱃속으로 열 명 가까이나 되는 자식을 낳을 것이라고 상상이나 했겠는가. 저 아름다운 새아씨는 당시만 해도 8·15 해방과 6·25 전쟁을 겪고 마침내 마흔 살 후반에 남편을 병으로 잃고 지지리 고생하다 죽어갈 자신의 미래를 상상이나 했을 것인가.

이제야 알겠으니 우리 엄마야말로 박씨부인이었다. 아니, 우리 엄마뿐 아니라 이 세상의 모든 딸, 모든 엄마들이 모두 박씨부인인 것이다.

그것을 깨닫게 해준 사십 년 전 우연히 도서관에서 만난 톨스토이 형님께 나는 이 자리를 빌려 감사의 마음을 전한다.

용서하여 주십시오

　어린 날부터 나는 내 어머니가 젊고 아름다운 어머니였으면 좋겠다고 늘 생각하였다. 어쩌다 학교에서 어머니를 모셔 오라고 선생님이 말씀하실 때가 있었는데, 그럴 때면 나는 있지도 않은 강릉 외갓집에 어머니가 가셨다고 거짓말을 하거나 아프셔서 몸져 누우셨다고 꾀를 부리곤 하였다. 나는 그렇게 해서라도 어머니를 학교에 모셔 오지 않는 편이 마음이 편하였다. 왜냐하면 어머니를 학교에 모셔 오는 것이 부끄럽고 창피스럽게 느껴졌기 때문이었다. 초등학교 때 반에서 반장, 부반장이었던 나는 다른 아이들보다 어머니를 학교에 모시고 오라는 선생님의 당부를 자주 들어야 했다. 그럴 때면 내 머리는 언제나 새로운 거짓말을 해야 한다는 강박관념으로 아플 수밖에 없었다.

다른 아이의 어머니들은 젊고 아름다웠다. 당시 내가 다니던 덕
수초등학교는 이른바 치맛바람이 몹시 심하던 귀족 학교 중의 하나
였다. 극성맞은 어머니들은 아예 교실 뒷좌석에 자리잡고 앉아서 털
스웨터를 짜면서 온갖 참견을 다 하였다. 김장철이 되거나 추석이
다가오면 그 여인들은 명색이 부반장인 내게 어머니를 모셔 오라고
으름장을 놓곤 하였다. 어머니가 오면 돈을 모아 담임 선생님의 김
장값을 거둬 주고, 추석 떡값이라도 건네 주자는 것이 그 여인들의
목적이었다. 그럴 때면 나는 으레 다음과 같이 거짓말을 하곤 하였
다.

"울 엄마는요, 강릉 외갓집에 가셨어요."

"울 엄마는요, 넘어져서 허리를 삐셔서 꼼짝도 못하셔요."

"울 엄마는요, 몸살이 걸리셔서 몸져 누우셨어요."

어쩌다가 학기 초 같은 때 학부형들에게 교육에 관해서 상담하려
하니 학교에 와달라는 내용의 가정통신문을 선생님이 나눠 주어도
나는 그것을 어머니에게 전달하지 않고 슬쩍 찢어버리거나 휴지통
에 꾸겨 넣어버리거나 하였다.

나는 어머니가 학교에 오시는 걸 몹시 부끄럽고 창피하게 여기고
있었다. 다른 아이의 어머니들은 젊고 예쁘고 아름다웠다. 다들 신
식 어머니로서 머리를 고슬고슬 퍼머로 지져 볶거나 여우 목도리 같
은 것을 어깨에 두르고 있었다. 자식들의 선생님을 만나러 오는데

무에 저리 멋을 부렸을까 싶게도 어머니들은 한결같이 퍼머를 하고 빌로드 치마에 양단 저고리들을 받쳐입고 있었다. 대부분의 어머니들은 멋쟁이 양장에 빨간 입술 연지를 칠하고 굽 높은 뾰족 구두를 신고 있었다. 그녀들이 교실에 오면 온 교실에는 꽃향기 같은 것이 풍겨왔다. 담임 선생님과 그 어머니들은 정도 이상으로 친하여 어머니들은 입을 가리면서 호호호 웃고, 선생님은 금이빨을 보이면서 흐흐흐 웃었다.

"늬 엄마는 왜 안 오시냐?"

담임 선생님은 그렇지 않아도 반 아이들이 투표에 의해서 부반장으로 뽑아줄 때부터 못마땅한 내게 퉁명스럽게 묻곤 하였다.

"모르겠는데요. 오신다고 했는데……."

"통신문을 드렸냐?"

"드렸어요, 선생님."

"그런데 왜 안 오시지?"

"아마도 강릉 외갓집에 가신 모양이어요, 선생님."

어머니의 친정집은 서울하고도 보문동에 있다. 그런데도 나는 늘 우리들의 외갓집을 강릉으로 못박아두고 있었다. 한번 한 거짓말은 언제나 꼬리를 물고 이어져서 나는 실제로 우리들의 외갓집이 대관령 너머 아주 먼 강릉 어딘가에 있는 것처럼 느껴지곤 하였다.

내가 어머니에게 그 통신문을 전하였더라면 어머니는 분명히 학교에 찾아오셨을 것이다. 다른 어머니처럼 퍼머를 하지 않고 정성

들여 머리를 감고 가르마를 타서 쪽진 머리를 하고서. 버선을 껴 신고 깨끗이 빨아 말린 흰 고무신을 신고서. 언제나 어머니가 나들이할 때 입으시는 검지도 희지도 않은 쥐색 두루마기를 입으시고서. 키는 작아 난쟁이 같은 모습을 하고서. 그러고 오실 것이다. 다른 어머니들처럼 영악하지도 못해서서 교무실 같은 곳에서 어리둥절 한참을 헤매고는 선생님 드릴 선물 하나 준비하지 못하시고 그저 빈손으로 꾸벅 인사를 하고 젊었을 때부터 다 빠져버린 이가 창피하여 손을 들어 부채처럼 입을 가리고는 이렇게 말씀하실 것이다.

"제가요, 인호 어머닙니다, 선생님. 수고 많으십니다. 진작 찾아뵈었어야 옳았을 텐데요, 선생님. 사는 게 바빠서요. 죄송합니다, 선생님."

초등학교 5학년 때였던가, 수업 참관일이 되어서 모든 어머니들이 반에 모여 수업 태도를 지켜본 일이 있었다. 어머니가 그 쥐색 두루마기를 입고 다녀간 이후 짝아이가 내게 물었다.

"왔던 그 할머니가 니 엄마냐, 아니면 니 할머니냐?"

그날따라 전 학부형이 모인 자리에서 신나게 질문하고 신나게 토론하였던 나는 짝아이의 그 맹랑한 질문에 그만 맥이 풀려버렸다. 나는 솔직히 대답할 수 없어 우물쭈물하였다.

"니 엄마라면 너무 늙구 니 할머니라면 너무 젊어 보이는데, 도대체 누구냐?"

"할머니다."

나는 엉겁결에 거짓말을 하였다. 일단 거짓말을 뱉어버리고 나니 주워담을 수는 없는 노릇. 가슴이 와랑와랑 뛰었다.

"그러면 그렇지."

내 거짓말을 일단 받아들인 짝아이는 고개를 끄덕이면서 말을 받았다.

"첨엔 니 엄만 줄 알았어. 그런데 너무 늙었더라. 그래서 물어 보았던 것뿐이야. 기분 나쁘게 생각지 마라, 얘."

그 아이는 나를 놀리기 위해서 그렇게 말을 한 것은 아니었다. 짝아이는 그저 느낀 대로 그렇게 말을 하였던 것뿐이었다. 짝아이 말대로 어머니는 내 어머니라기보다는 할머니처럼 보였다.

그 말을 듣고 보니 찾아온 어머니들 중에서 내 어머니가 가장 나이 들어 보였다. 아이들이 내 어머니를 할머니로 보았던 것도 무리는 아니었다. 어머니는 나를 서른일곱 살에 낳으셨다. 그것뿐만이 아니다. 어머니는 마흔 살에 내 동생까지 낳으셨다. 마흔이라면 손자를 볼 나이가 아닌가. 그 나이에 갓난아기를 낳을 만큼 어머니는 주책이셨던 것일까. 다른 아이들이 모두 집에서 귀염받는 맏아들과 둘째 아들이어서 서른 안팎의 젊은 어머니를 가진 것에 비하면 나는 쉰 살이 넘은 할머니를 어머니로 갖고 있었다. 그것도 신식 할머니가 아닌 구식 할머니를.

짝아이가 내 어머니를 할머니로 본 이후부터, 그리고 거짓말을 한 이후부터 나는 절대로 어머니를 학교에 모셔 가지 않았다. 어머

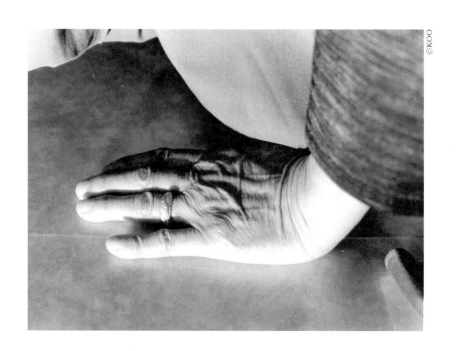

어머니, 어머니를 창피하고 부끄럽게 생각하였던

지 난 날 을   사 과 드 립 니 다 .

니도 내 마음속을 꿰뚫어 보신 듯 초등학교 졸업식 때에도 슬쩍 오셨다가 사진 몇 장 찍으시고 먼저 달아나셨다.

학교에 어머니를 모셔 가지 않는 기피증은 고등학교 때까지 이어졌다. 그 대신 꾀가 나서 정 학부모님을 모셔 갈 수밖에 없는 때가 오면 큰누이를 찾아가 어머니 대신 학교에 오도록 부탁을 하곤 하였다. 그럴 때면 큰누이는 한 번도 이를 거절하지 않으셨다. 나하고 열다섯 살이 차이 나는 큰누이는 우리 형제 중의 왕초였다. 형제들 입학 시험 볼 때면 으레 큰누이가 학교에 턱 버티고 서 있었으며, 졸업식 때도 큰누이가 밍크 코트를 입고 수문장처럼 교문 앞에 척 버티고 서 있곤 하였다.

중학교 3학년 때였던가.

어머니가 다녀가신 후 담임 선생님이 나를 부르셨다.

"네 어머니가 그러시던대, 너는 말이야 잘한다고 잘한다고 칭찬해 주면서 좋은 말로 이끌어 줘야 말을 듣지, 꾸짖고 때리면 더 말을 안 듣는다고 하시던대 말이야."

그렇지 않아도 봄이나 가을이나, 초등학교 때나 중학교 때나 한결같은 쥐색 두루마기를 입으시고 어머니가 다녀간 뒤끝이라 주눅이 들어 있던 나는 담임 선생님에게 그 말을 듣자 조금 의외였다. 어머니가 그처럼 나를 예리하게 파악하고 계시다니. 자식들 교육이고 뭐고, 가정교육이고 뭐고, 어머니는 그저 아이들이 좋아하는 대로 내버려두는 분이셨다. 학교 가기 싫어 그냥 집에서 늦잠을 자도 어

171

머니는 이를 탓하지 않으셨다. 결석계에 부모 도장을 우리가 찍어 학교에 제출해도 어머니는 그저 모른 체하셨다. 공부하라는 말을 한 번도 어머니 입에서 들어본 적이 없었다. 그것은 내가 공부를 잘하였기 때문이 아니라 어머니는 아예 공부에는 관심도 없으셨다. 오히려 무어를 열심히 하면 그저 '애를 쓰지 말아라. 너무 애를 쓰지 말아라'고만 타이르시는 분이셨다. 그러한 분이 담임 선생님에게 그런 부탁을 하시다니. 꾸짖고 때리기보다 잘한다고 칭찬해 주고 추어 주라고 내 성격을 꼭 짚어내어 담임 선생님에게 부탁을 하시다니.

고등학교 3학년 때였다. 무슨 날이었는지 꼭 부모님을 모시고 오지 않으면 안되는 그러한 특별한 날이었다. 큰누이도 대신 참석할 수 없어 어쩔 수 없이 어머니가 오실 수밖에 없었다. 나는 그때 어머니와 마주치기 싫어 학교 뒤 온실에 숨어 있었다. 지금 생각하면 내가 학교에 무슨 정학 맞을 짓을 하여 어머니가 불려오셨는지도 모르겠다.

어쨌든 나는 학교 뒤꼍에 있는 온실에 앉아서 수업을 까먹고 있었다. 곁에는 내 친구인 악동이 함께 있었는데, 마침 제철이라 온실 안에는 온갖 꽃들이 만발해 있었다. 내가 학교 뒤쪽, 동산 위에 있는 양지 바른 그 온실에 자주 가 보았던 것은 그 온실 안에는 건드리면 반응을 보이는 신기한 식물이나 날아 다니는 곤충을 잡아먹는 끈끈이주걱 같은 이상한 식물들이 있었기 때문이었다. 신문 기자로 있다가 미국으로 이민을 간 악동 친구와 나는 양지 바른 온실 앞에 나란히 앉아 수업을 까먹으면서 담배를 피우고 있었다. 날씨가 좋아 온실 밖 나무 받침대 위에 내어놓은 화분에서는 온갖 꽃들이 만발해서 벌떼들이 붕붕 날갯소리를 내면서 꿀을 채집하고 있는 모습이 보였다. 맛 모르고 피우는 독한 담배 연기에 삭신이 녹아내려서 온몸이 노곤하고 온 천지에는 햇살이 충만하였다.

그때였다.

학교 뒤쪽으로 몇몇 어머니들이 떼지어 걸어 나오고 있었다. 아마도 담임 선생님과의 면담을 끝내고 나오시는 모양이었다. 그중에 키 작은 내 어머니도 끼여 있었다. 나는 본능적으로 꽃 화분 사이에 몸을 숨기고 어머니를 훔쳐보았다.

"뭐 하고 있냐?"

친구 녀석이 내 등을 때리면서 말하였다.

"네 엄마가 아니냐. 뛰어가서 맞아야지. 여기 숨어 있으면 어떻게 해."

"싫어."

나는 담배를 피우면서 대답하였다.

"난 여기에 있을 거야."

친구 녀석은 이상한 눈으로 나를 쳐다보았다. 친구 녀석은 내가 왜 온실에 숨어 있는지, 왜 수업을 까먹고 있는지, 왜 어머니를 만나기 싫어하는지 그제야 본능적으로 알아차린 모양이었다. 친구 녀석은 내게 말했다.

"이제 보니 니 자식이 엄마를 창피하게 여기고 있는 모양이로구나. 넌 참 되어먹지 않은 자식이다."

그 녀석은 나와 친해 가끔 우리집에 놀러와 내 어머니를 잘 알고 있었다. 자기 어머니를 보면서도 이를 피해 화분 뒤에 몸을 숨기고 앉아 있는 나를 보면서 친구 녀석은 이렇게 말했다.

"이상한 자식. 이상한 놈."

나는 지금도 그때의 장면을 선명히 기억하고 있다. 쥐색 두루마기를 입은 어머니가 학교 뒤편 유난히 응달이 짙은 뜨락을 천천히 걸어가고 있었다. 얘기 상대가 되지 않는다는 듯 일행과 조금 떨어져 어머니가 홀로 뒤쪽에서 걸어가고 있었다. 그 걸어가는 모습이 꽃 화분 사이로 보였다 가려졌다 하였다. 나는 정말 뛰어나가고 싶었다. '어머니!' 하고 뛰어나가 어머니 곁에 서서 어머니와 함께 걸어가고 싶었다. 철이 든 아들처럼 어머니와 둘이서 그 넓은 서울고등학교 정원을 구석구석 돌아다니고 싶었다. 꽃을 좋아하시는 어머니에게 온실의 꽃도 보여 드리고 벌레를 가두어서 잡아먹어버리는 끈끈이주걱이란 신기한 풀도 보여 드리고 싶었다.

그런데도 나는 꼼짝도 할 수 없었다. 화분 사이로 나타났다 사라지는 어머니의 모습을 지켜보면서 내 가슴은 죄의식과 슬픔으로 미어지는 것 같았다. 아마도 눈가에는 눈물이 배어 나왔던 것으로 기억된다. 그냥 달려나가 '어머니' 하고 부르기만 하면 될 것을. 그렇게 하면 모든 벽이, 초등학교 때부터 느끼던 모든 감정이 다 스러져

버리게 될 것을 분명히 알면서도 나는 땀을 뻘뻘 흘리면서 적진을 탐색하러 나선 척후병처럼 일정한 거리를 유지하고 어머니를 훔쳐 보고만 있었을 뿐이었다.

고등학교 시절 어느 햇빛 밝은 활짝 개인 날의 오후, 꽃이 만발한 온실 뒤에 숨어서 어머니의 모습을 지켜보던 그 기억은 이상하게도 내 뇌리에 추억의 들판을 날아 다니던 호랑나비를 포충망으로 잡아 날카로운 핀으로 꽂아 이제 막 채집해 놓은 것처럼 표본으로 정지되어 있다.

어머니의 기억을 떠올릴 때마다 내 머리 속으로는 그 활짝 개인 날 오후 교정의 뒤뜰을 천천히 걸어가던 어머니의 모습이 떠오른다.

어머니.

어머니가 돌아가시던 그날까지도 저는 언제나 온실 뒤에 숨어 있었지요. 어머니, 어머니는 언제나 응달진 추억의 뒤켠을 홀로 걸어 오셨습니다. 남편은 일찍 죽어 홀로 되어 언제나 쥐색 두루마기를 최대의 성장으로 차려 입고 참빗으로 머리빗고 가르마질하여 비녀 꽂은 그 낡은 모습으로, 부끄럽고 창피해 하는 자식들 곁에서 어머니는 난쟁이의 그 작은 키로 언제나 종종걸음으로 먼 길을 걸어가셨습니다.

그 길에는 언제나 바람 불고 비 내리고 눈이 내렸지요. 어머니, 이 아들은 지금도 양지 바른 온실 뒤에 숨어서 어머니를 지켜보고 있습니다. 뛰어나가서 어머니 곁에 서서 두 손을 마주잡고 그대가 내 어머니인가 하고 그 눈을 들여다보고 너무나 반가워서 함께 꽃 구경도 하고 동산을 거닐면서 어머니가 즐겨 부르던 '옛날의 금잔디 동산에 매기 같이 앉아서 놀던 곳. 물레방아 소리 들린다. 매기 내 사랑하던 매기야. 동산 수풀은 우거지고 장미화는 피어 만발하였다. 옛날의 노래를 부르자 매기, 내 사랑하는 매기야' 하고 노래부르고 싶은데. 어머니, 어머니는 우리의 곁을 지나 사라져버리셨습니다. 내 추억의 그 낡은 장면 속에는 아직도 동산의 수풀이 우거지고 장미화가 피어 만발하였는데, 어머니는 옛날의 금잔디 동산의 매기처럼 우리의 곁에서 사라져버리셨습니다.

어머니.

집의 아이들이 이따금 아내의 무릎을 베고 눕고 집에서 입는 그 치마폭에 얼굴을 묻는 것을 볼 때마다 나는 까마득히 오래 전 어머니의 그 치마폭에 묻어 있던 냄새를 떠올리곤 합니다. 어머니의 치마에서는 김치 냄새도 나고 반찬 냄새도 나고 온갖 냄새가 얼버무려져 독특한 어머니만의 냄새가 풍기고 있었지요.

어머니.

이제 와서 어머니께 사과드립니다. 학교에서 어머니를 모셔 오라고 할 때마다 거짓말을 하였던 것을 사과드립니다. 어머니께서 있지도 않은 강릉 외갓집에 가셨다고 거짓말하였던 것 사과드립니다. 내 어머니가 바뀌어져 젊고 예쁜 내 짝아이의 어머니였으면 좋겠다고 생각하였던 것 사과드립니다. 또한 가슴속에 묻어두었던 비밀. 어머니를 할머니냐 엄마냐고 물었던 짝아이에게 할머니라고 거짓말하였던 잘못 사과드립니다. 그 활짝 개인 날 오후 뒤꼍을 걸어가는 어머니를 화분 뒤에 숨어서 모른 체하였던 지난날의 그 모든 잘못을 사과드립니다.

어머니, 어머니를 창피하고 부끄럽게 생각하였던 지난날을 사과드립니다. 어머니, 용서하여 주십시오. 이 죄 많은 아들의 지난 과거를 모두 용서하여 주십시오.

　나는 대체로 무엇이든 잘 먹는 잡식성 식성을 갖고 있다. 음식을 가려 먹는 편도 아니고 무엇이든 잘 먹고, 먹으면 먹는 대로 위장이 워낙 튼튼해서 무엇이든 소화해낸다. 이 점 천복을 타고난 셈이다.

　외국에 나가도 그 나라 사람들이 먹는 음식이라면 그 속에 독이 들어 있지 않을 것이 뻔하므로 나는 해괴망측하게 생긴 음식도 꿀꺽 꿀꺽 삼킨다. 비위도 좋아 눈알이 멀뚱멀뚱 살아 있는 생선회도 먹고 산낙지도 먹고 살아 있는 새우의 등도 단숨에 이빨로 물어뜯는다. 어쩌다 동료들과 함께 외국에 나갈 때가 있는데 그럴 때마다 동료들은 고춧가루니, 고추장이니, 김치니 야단법석인데 나는 생전 처음 보는 음식도 이것저것 잘 먹고 소화도 잘 시키니 남들이 부러워

한다.

덩치에 비해 먹는 양도 많아서 어쩌다 대식하는 모습을 본 사람들은 내가 당뇨병에 걸린 게 아닌가 염려스럽게 묻곤 한다. 그런데도 살이 찌지 않는 것을 보면 천상 빨빨거리고 다니는 바지런 때문일 것이다.

이런 잡식성 식성임에도 그리도 유난히 좋아하는 음식은 물론 있다. 가장 좋아하는 음식은 냉면과 자장면이다.

자장면에 대한 향수는 중·고등학교 때부터 비롯된 것이다. 자장면은 우리들 청소년기에 최고의 음식이었다.

어쩌다 주머니에 자장면 곱빼기를 사먹을 정도의 돈이 남아 있으면 나는 지금은 없어진 소공동 '차이나 타운'의 중국집으로 달려가곤 했었다. 홀로 구석진 자리에 앉아서 자장면 곱빼기를 시키면 벌써 주방에서 흘러 나오는 구수한 자장 냄새에 가슴이 녹아내리곤 했었다.

"차아장면 코옵배키이—."

주방을 향해 길게 소리지르는 중국 사람의 명령에 복창해서 때문은 커튼 뒤의, 얼굴이 보이지 않는 주방장은 '차아장면 코옵배키이—' 하고 말대꾸하곤 그 즉시 타악타악 반죽한 밀가루를 두들겨 때리는 소리가 경쾌하게 흘러 나오곤 했었다.

아아, 그때 나는 얼마나 행복했던가.

장개석 총통이 빙그레 웃고 있는 중국식 창문 너머로 해질 무렵의 사람들은 띄엄띄엄 바쁘게 지나가고 있었고, 이따금 거지가 문을 열고 한푼을 동냥하기도 했다. 미리 나오는 노란무에 초를 쳐서 검은 자장에 묻혀 성급히 먹으면서, 혹은 양파를 자장에 묻혀 서걱서걱 씹으면서 주문한 자장면이 나오기를 초조히 기다리곤 했었다. 그러다가 '차아장면 코옵배키이─' 하는 소리와 함께 마치 검은 보석을 한 더미 쌓아놓은 듯한 자장면이 커튼 뒤에서 덜컹 나오고 종업원이 그것을 번쩍 들어 내 앞에 갖다 놓으면 나는 행복해서 숨이 넘어갈 것만 같았다.

얼마나 성급했던지 자장을 면에 충분히 비비기도 전에 나는 침이 꿀떡꿀떡 넘어가 아이고 모르겠다 아구아구 먹기 시작했는데, 언제나 자장면 곱빼기도 내겐 충분치 못한 양이어서 점점 먹어 양이 줄어들 때마다 나는 마치 감동 깊은 영화가 점점 끝나갈 무렵이 되어 조금만 더 조금만 더 계속했으면 기원하듯 조금만 더 조금만 더 먹을 수 있었으면 하고 바라곤 했었다.

이러한 자장면의 향수는 오늘날까지 계속되어서 뭔가 우울할 때면, 뭔가 쓸쓸할 때면 나는 버릇처럼 자장면을 떠올리곤 한다. 이상하게도 요즈음의 자장면 맛은 예전과 같지 않아서 그 맛이 그 맛이고, 언제나 먹고 나면 뒷맛은 개운치 않지만 그래도 나는 변함없는 동백 아가씨처럼 뭘 먹을 때면 자장면을 떠올리고 무조건 눈에 띄는 중국집에 들어가 '차아장면 코옵배키이'를 시켜 먹는다.

자장면과 더불어 냉면은 내 식단의 단골 레퍼토리인데 어느 한철

여름에는 내내 냉면만 먹고 산 적도 있었다.

한방의사가 내 몸이 뜨거워 찬 음식을 먹으면 안된다고 하는데 나는 결사적으로 냉면을 먹고 있다.

그런데 왠지 어머니와 상관되어 떠오르는 음식 맛에 대한 기억은 별로 없다. 결혼 전까지는 분명히 매일같이 어머니가 해주시는 밥과 김치와 음식을 먹고 마셨으면서도 어머니가 해주시던 음식에 관한 기억들이 떠오르지 않는 것은 이상한 일이다.

사람의 기억 속에서 음식 맛에 대한 기억이 가장 오래 간다던가. 2차 대전에 참가한 군인들이 총탄이 나는 이국의 전쟁터 참호 속에서 가장 자주 떠올리던 기억은 어머니가 해주시던 따뜻한 수프의 국물 맛이었다는 기록을 오래 전에 무슨 책에서 읽은 적이 있다.

사람들은 무의식 중에 어릴 때부터 어머니가 해주시던 음식의 맛에 길들여져 있어 평생 동안 어머니의 맛을 맛의 기본으로 삼고 그 맛을 찾아서 헤매는 법이다. 우리가 외국 음식을 못 먹고 싫어하는 것은 그 음식의 맛이 어릴 때부터 길들어온, 어머니가 해주시던 음식의 맛이 아니기 때문이다. 우리가 어떤 식당에 들어가 우연히 먹은 음식이 이상하게 맛있다고 느낀다면 그 맛 속에는 은연중에 어릴 때부터 익혀온 어머니의 맛의 솜씨가 녹아 있기 때문일 것이다.

그런데도 어머니에 관한 추억 속에서 음식에 관한 기억은 거짓말처럼 희미하다.

솔직히 말해서 어머니는 음식 솜씨가 좋지 못하셨다. 나는 지금

해질 무렵의 기상대 앞 골목길을 따라 함께 시장을 가던 그 황금의 추억은

우 리 들 만 의   것 입 니 다 .

도 그렇게 생각하고 있다. 어머니는 신식 어머니가 아니어서 그런지 맛깔스럽거나 먹음직스럽거나 정갈하게 만들지 못하셨다. 그저 무엇이든 넣어서 잡탕처럼 푸욱 삶고 푸욱 고아서 냄비째 상에 올리는 것이 어머니의 요리 솜씨였다. 그 잡탕찌개가 넌덜머리가 나면 어서 빨리 먹어치우는 수밖에 없었다. 왜냐하면 다 먹어서 깨끗이 비울 때까지 상 위에 그 음식이 몇 번이고 계속해서 나오기 때문이다. 요즈음에는 달라졌지만 몇 년 전까지만 해도 나는 한여름에 나오는 오이지나 무말랭이, 볶은 오징어채 같은 음식은 보기만 해도 헛구역질이 날 지경이었다. 단지 굶지 않고 매끼 먹을 수 있다는 것만으로도 고맙게 생각해야 하는 어려웠던 시절 때문인지는 모르지만 어머니는 맛하고는 거리가 먼 구식 어머니였다.

내가 어머니를 자주 '구식 어머니' 라고 표현하는 것은 늘 쥐색 한복만을 입고 다녀 어머니라기보다는 할머니라고 부르는 편이 어울리는 나이 탓도 있겠지만, 매일 갖고 다니는 도시락 때문에도 그렇게 부를 수밖에 없었다. 점심시간이면 아이들은 도시락을 펴 드는데, 다른 아이들은 어머니들이 한껏 멋을 부린 도시락 반찬을 싸 주셨지만 내 도시락은 언제나 천편일률이었다. 같은 달걀도 다른 아이들은 곱게 두루 말아 부쳐서 썬, 예쁜 모양으로 반찬통에 맛깔스럽게 담겨 있었지만, 겨우 생일 같은 특수한 때만 나오는 그 황금의 달걀도 내 도시락 속에서는 그저 프라이팬으로 지져서 딱딱하게 익혀 밥 위에 척 올려놓는 것이 고작이었다. 어떨 때는 꽁치 한 마리를 반찬통 속에 대가리째 삶아 집어넣을 때도 있었다. 그럴 때면 나는 다른 아이들의 엄마와는 다른 내 구식 엄마가 밉고 저주스러웠다. 냄새나는 꽁치 한 마리를 삶아 도시락 속에 집어넣어 주는 무식하고 무신경한 엄마.

다른 형제들과는 달라, 나는 가끔 어머니에게 반찬 투정을 하곤 하였다. 그럴 때면 어머니는 이렇게 말하였다.

"이 다음에 니가 커서 장가를 가거든, 그때 니 색시에게 맛있는 요리 많이 만들어 달라고 하여라."

어머니의 음식이 맛없는 것은 돈이 없어 음식의 재료를 못 사는 탓이 아니라 음식을 만드는 상상력이 부족한 때문이라고 나는 굳게 믿고 있었다. 실제로 집에 있는 반찬들을 모아 내가 기름으로 볶거나 고추장에 비벼 비빔밥을 만들어 식탁을 차리면 형과 내 동생들은 맛있게 먹으면서 내게 이렇게 말하였다.

"엄마가 만드는 음식보다 네가 만드는 음식이 훨씬 더 맛있다."

몇날 며칠을 먹은 생선찌개가 그대로 나온 밥상 앞에서 나는 볼멘소리로 불만을 털어놓곤 하였다.

"이 다음에, 내가 커서 장가를 가면."

"……그렇게 되면?"

어머니는 소금으로 절여 짜기만 한 오이지를 손으로 잘라서 그대로 입 안에 넣고 씹으면서 물었다.

"요리 잘하는 마누라 얻어서……"

"마누라 얻어서?"

"오므라이스도 해먹고 탕수육도 해먹고 잡채도 해먹고 카레라이스도 해먹고."

"또 있다."

동생도 한마디 거들었다.

"돈까스도 해먹고 비프 스테이크도 해먹고……"

늘 비프 스테이크 타령이던 동생은 실제로 비프 스테이크 맛에 환장해서 미국으로 이민 갔다. 지금은 안 그렇지만 이민 간 처음 수년간은 매일같이 핏물이 뚝뚝 흐르는 고기를 한 근씩 먹으면서 이렇게 말하였다고 동생의 부인이 내게 전해 주었다. "난 이 고기를 먹으러 이민 왔어. 미국에 이민 왔단 말이야. 난 미국에 있는 고기를 모조리 먹어 조질 거야."

그럴 때면 잠자코 있던 어머니가 심술궂은 목소리로 이렇게 대답하곤 하셨다.

"니들 장가가서 여편네 얻으면, 먹고 싶은 것 다 해달라고 해서 실컷 얻어먹어라. 아예 그럴 바엔 음식점이라도 하나 차리지 그래."

지금은 강북삼성병원(옛 고려병원)으로 흡수가 되어 없어진 평동집에 살 때였다. 나는 이 평동의 한옥에서 초등학교 3학년부터 중학교 3학년까지 6년간을 살았는데 이 집에 살 때 아버지가 돌아가셨다. 어머니는 오후 늦게 으레 고개 너머 독립문 근처에 있는 영천시장에 장을 보러 나들이를 나가셨다. 나는 학교에서 돌아오면 매일같이 찬거리를 사러 나들이를 가시던 어머니를 강아지처럼 따라 나서 곤 하였다.

　요즈음 내 머릿속에는 매일같이 해가 뉘엿뉘엿 기울 무렵 어머니를 좇아 시장을 가던 어릴 때의 저녁 풍경이 자주자주 떠오른다.

　시장을 가려면 기상대 앞의 언덕을 지나 두어 개의 고개를 넘고 독립문 앞 한길을 건너야 한다. 지금은 걸어 십 분도 안되는 짧은 거리지만 어릴 때는 왜 그리 그 언덕길이 지루하고 멀기만 하던지. 지금 생각하면 어머니는 아버지를 잃은 뒤라 그 설움을 잊기 위해서라도 매일같이 유일한 나들이인 양 오후가 되면 영천시장에 다녀오곤 하셨던 모양이다. 사는 것도 별로 없었다. 그저 콩나물 한줌에 시금치 한 단, 배추 한 단에 생선 한 마리. 어떤 때는 정육점에서 고기 반 근을 사곤 했는데, 그런 날 밤에는 세숫대야 같은 냄비 속에 들어 있는 고깃점을 찾느라고 형제들 간의 아귀다툼이 벌어졌다. 내가 어머니를 따라 시장에 가기를 좋아했던 것은 시장에 가면 어머니의 인심이 갑자기 후해져서 잘하면 떡 몇 개, 순대 몇 점을 얻어먹을 수 있다는 기대감 때문이었다. 그것하고는 상관없다 하더라도 저녁시간은 언제나 즐거운 잔칫날 같았다. 해질 무렵의 석양이 황금빛으로 빛나는 기상대 앞 언덕을 어머니는 찬거리를 담은 장바구니를 들고 느릿느릿 걸어가신다. 나는 강아지처럼 어머니의 앞을, 뒤를, 옆을 반바지를 입고 달리고 뛰곤 하였다.

　어머니는 시장을 가다 말고 대문이 열린 집 안뜨락에 꽃들이 만발해 있으면 발길을 멈추고 이렇게 탄식하셨다.

"꽃 봐라. 꽃들 봐라. 젠장할, 꽃들도 이쁘기도 하여라."

꽃이 너무 예쁘면 어머니는 대문을 열고 주인을 찾아 '꽃 구경 좀 하겠습니다' 하고 문안 인사를 한 다음 대문 안까지 들어가 넋을 잃고 꽃들을 구경하셨다. 장미고, 맨드라미고, 사루비아고, 칸나고 어머니는 꽃 이름을 많이도 알고 계셨는데, 어머니는 꽃을 보실 때마다 이렇게 입을 열어 말씀하셨다.

"아이고, 고 장미 예쁘기도 하여라."

"아이고, 고 깨꽃 참으로 곱구나."

나는 샛길로 빠지는 어머니의 시장 길이 참으로 지루하고 싫었다. 그래서 꽃 구경에 넋을 잃은 어머니의 곁에서 이렇게 칭얼거리곤 하였다.

"가자, 엄마. 시장 가자, 엄마. 배고프다, 엄마."

시장에 가면 어머니는 눈빛이 갑자기 달라지셨다. 콩나물 한줌에 장사꾼과 침이 튀도록 다투고 생선값 한 푼 깎느라고 어물전 주인하고 목이 쉬도록 싸우셨다. 생선이 얼마나 싱싱한가를 보여주기 위해서 손님들이 지나갈 때마다 작살로 생선의 아가미를 벌려 보이던 낯익은 어물전 주인도 어머니가 가면 낯빛부터 달라져서 이렇게 말하곤 하였다.

"아줌마, 아주머니한테 생선 안 팔아도 좋으니 딴 데 가서 사시유."

그 장사꾼이 그 장사꾼이고, 그 길목이 그 길이라 모두들 낯이 익었다. 그들은 딱정벌레 같은 어머니를 이미 알고 있었고 그들은 어머니의 흥정 솜씨를 모두 싫어하였다. 나는 그것이 참 부끄러웠다. 나는 어머니가 한 푼을 깎기 위해서 장사꾼과 다투는 것이 싫었다. 나는 어머니가 콩나물을 손으로 덥석 쥐어서 장바구니 속에 집어넣는 것이 싫었다. 그럴 때면 콩나물 장수 아주머니는 장바구니 속에 들어간 콩나물을 도로 빼앗아 가면서 이렇게 말하곤 하였다.

"에이 퉤퉤, 지독한 아주머니 같으니라구."

"관두슈, 관둬. 콩나물 장수가 뭐 여기 하나뿐인가."

나는 그러한 어머니가 싫었다. 어머니의 비위를 건드리면 떡 한 개, 순대 한 조각도 못 얻어먹는다는 것을 알면서도 나는 어머니에게 덤벼들곤 하였다.

"제발, 제발 엄마, 물건값 깎지 말고, 장사꾼들하구 싸우지 좀 마세요."

"입 다물어. 쬐그만 새끼가 뭘 안다구 그래."

그것이 자존심 때문이었을까. 스트레스 해소의 방법이었을까. 어머니는 시장에 갈 때마다 장사꾼과 싸우셨다. 그런 날은 떡 한 개도 못 얻어먹고, 순대도 사달라고 떼조차 쓰지 못하고 풀이 죽어 장바구니를 들고 투덜투덜 돌아오곤 하였다. 나는 알고 있었다. 어머니가 심하게 장사꾼과 싸우는 날은 뭔가 마음속에 편치 않은 앙금이 있는 날로, 그런 날은 떡을 사달라고 떼를 써봤자 한마디로 '돈이 없다'는 야박한 거절을 당할 것이 분명하므로 나는 자존심이 상해서 일절 조르지 않았다. 나는 아무리 돈이 없기로서니 시장에까지 따라간 아들에게 떡 하나 사주지 않는 것은 돈을 아끼는 알뜰한 절약 정신 때문이 아니라 마음속의 분풀이를 치사하게 그런 식으로 해버리는 때문이라고 마음속으로 두고두고 곱씹었다.

'이 다음에 내가…'

투덜투덜거리면서 나는 속으로 중얼거리곤 하였다.

'이 다음에 내가 커서 장가를 들어 색시를 얻으면 내 색시한테 절대로 시장에 가서 불쌍한 콩나물 장수에게 절대로 콩나물값 깎지 말게 하고, 또 아들을 낳으면 그 아들이 떡 먹고 싶다면 치사하게 돈 없다 약올리지 않고 떡 사주고 순대를 먹고 싶다면 순대 사주고……'

형편없는 어머니의 음식 솜씨 중에 내가 가장 좋아하였던 것은 어머니가 부쳐 주시던 밀전병의 맛이었다. 어머니가 다른 것은 다 못하셨지만 밀전병 하나만은 기가 막히게 부치셨다. 비가 오는 날이나 군것질을 하고 싶은 출출한 오후 무렵이면 나는 어머니에게 밀전병을 부쳐 먹자고 조르곤 하였다. 기분이 좋아야만 어머니는 이를 허락하셨다. 그럴 때면 어머니는 밀가루 부대에서 흰 밀가루를 꺼내서 양푼에 담으시면서 내게 이렇게 말하셨다.

"가서 콩기름 반 병 사오너라."

그러면 나는 반바지 차림에 기뻐 날뛰면서 비 오는 골목길을 빈

병을 들고 내처 달렸다. 동리 어귀에 있는 참기름 가게에 가면 어둑어둑한 가게에는 언제나 고소한 참기름 냄새가 나고 가게 안에 내려앉은 먼지에도 기름이 눌러붙어 있었는데, 6·25 때 눈을 다쳐 한눈밖에 없는 상이군 기름집 아저씨는 기름 한 방울도 흘리지 않으려고 빈 병에 깔때기를 들이대고 정확히 반 병을 주기 위해서 몇 번이고 빈 병의 눈금을 재어 보았다.

내가 콩기름 반 병을 사가면 어머니는 비 오는 한옥 툇마루에 앉아서 연탄불을 가져다가 프라이팬을 올려놓고 그 위에 콩기름 한 숟갈을 듬뿍 부어 넣으셨다. 프라이팬이 달아올라 기름이 탁탁 튀면 미리 물에 풀어 갠 눈부신 밀가루 물을 국자로 퍼서 충분히 달아오른 프라이팬 위에 좌악 부어 내리셨다. 그럴 때면 좌르르르 좌르르르 밀가루 물이 끓어오르고 때를 맞춰 콩기름을 조금씩 조금씩 집어넣으면 노오랗게 둥근 밀전병 바깥에서부터 밀가루가 익어가기 시작했다. 아아, 온 집안에 향긋한 콩기름 냄새가 천지로 풀려 나오고 나는 그 옆에 쭈그리고 앉아서 대뜰로 떨어져 내리는 빗줄기가 등을 적시거나 말거나 어서 빨리 밀전병 익으라고 학수고대하면서 뜨거운 밀전병 받아먹을 냄비 뚜껑에 젓가락 챙겨들고 이렇게 속으로 아우성치고 있었다.

'익어라, 익어라, 빨리 빨리 익어라. 밀가루 반죽 익어라. 빨리 빨리 익어라.'

어머니가 콩기름이 알맞게 먹어 들면 밀전병 사이로 숟갈을 찔러

넣어 단숨에 밀전병을 뒤집어 놓는다. 그 솜씨가 마술 같아 접시를 돌리는 곡마단의 곡예사처럼 보일 정도였다. 이윽고 한 장의 밀전병이 완성되면 어머니는 내가 미리 들고 있던 냄비 뚜껑 위에 철썩 밀전병을 올려놓는데, 아이구 그 맛있는 밀전병이란. 뜨거워 손이 데이고 뜨거워 입이 데이고 뜨거워 혀가 데어도 그 맛있는 밀전병 맛이란.

"맛있나?"

어머니는 한 개 뚝딱 해치워 먹어버리고 또 한 개 익기를 기다리는 내 얼굴을 보고 그렇게 묻곤 하셨다.

"맛있다."

"정말 맛있냐?"

"정말 맛있어."

"그것 참. 그냥 아무것도 안 넣은 밀가루 반죽에 콩기름으로 구운 밀전병이 그리도 맛있냐?"

"하늘만큼 맛이 있다."

"이 다음에 니가 커서 장가를 들게 되면, 니 색시 보구 밀가루 반죽 속에 신김치두 넣구, 호박도 넣구, 부추도 넣구 해서 많이많이 해달래라. 그래서 많이많이 처먹어라."

어머니.

천하에 음식 솜씨 없던 어머니가 부쳐 주시던 그 밀전병의 맛이 아직도 그리움 속에 추억으로 남아 있습니다. 어머니, 그 비 오던 날 부엌 앞 대뜰 위에서 어머니는 연탄 위에 프라이팬을 올려놓고 내게 밀전병을 원하는 대로 부쳐 주셨지요. 처음에는 얼마든지 먹을 수 있을 것 같아도 세 장만 먹으면 배가 부르고, 억지로 한 장을 더 먹으면 소화가 안되어 헛배가 부르고 트림만 꺽꺽 올라오던 그 밀전병이 왜 그렇게 맛있던지요. 그때 어머니는 간간이 섞이는 빗소리 속에서 흥얼대면서 콧노래까지 하셨지요.

"동산 수풀은 우거지고 장미화는 피어 만발하였다. 옛날의 노래를 부르자 매기, 내 사랑하는 매기야."

어머니.

그때 우리에게 콩기름 반 병 팔던 기름집 아저씨는 내 결혼식 때 500원을 축의금으로 보내셨지요. 그 기름집 아저씨는 이제 어디 살까요. 참기름으로 돈을 벌어 외눈 하나를 만들어 박아 끼기나 하셨을까요. 어머니, 어머니와 함께 밀전병 부쳐먹던 북아현동의 한옥집도 몇 년 전에 가보니 무슨 교회의 주차장으로 변하였더군요. 어머니와 함께 시장을 가던 평동의 그 집이 삼성병원으로 변하여 흔적도 없이 사라졌듯이.

집의 아이들은 지 에미를 따라서 백화점에 갑니다, 어머니. 아내는 슈퍼마켓에서 미리 가격이 표시되어 있는 식품을 삽니다. 내 어릴 때의 결심대로 아이들이 먹고 싶어하는 것은 무엇이든 사줍니다. 아내는 어머니처럼 한 푼을 깎느라 싸우지 않고 콩나물 한줌이라도 더 가져오느라고 장사꾼과 다투지 않습니다. 내 아내는 신식 어머니라서 도시락에 어머니처럼 꽁치 한 마리 구워서 올려놓는 그런 해괴 망측한 짓은 하지 않습니다. 아이들이 떡을 먹고 싶어하면 떡 사주고 순대를 먹고 싶어하면 순대를 사줍니다.

그러나 어머니.

어머니와 나는 남들이 절대 모르는 단둘만의 추억을 갖고 있지요. 해질 무렵의 기상대 앞 골목길을 따라 함께 시장을 가던 그 황금의 추억은 우리들만의 것입니다. 미군과 살던 양색시의 집 앞을 지나 공동 수돗가를 돌아갈 때면 어머니는 내게 이렇게 묻곤 하셨지요.

"인호야, 오늘 저녁에는 뭘 먹고 싶으냐?"

"고기 반찬."

나는 소리질러 대답하곤 하였지요. 그러면 어머니는 이렇게 말씀하셨지요.

"이 다음에 니가 장가를 가서 색시를 얻으면, 고기를 지져 먹든지 삶아 먹든지 구워 먹든지 고아 먹든지 볶아 먹든지 니 마음대로 사다가 실컷 처먹으려무나."

막이 내리면

그리운 어머니.

어머니 살아생전에는 단 한번도 편지를 쓰지 아니하였던 제가, 어머니께서 돌아가신 후 이렇게 자꾸만 편지를 쓰게 됩니다. 살아 있음은 수수께끼와 같고 돌아가심도 우리의 인간으로서는 풀어 설명할 수 없는 신비한 세계의 일이므로 지금 어머니가 그 어디에 계신가 알 수 없습니다마는 저는 이것만은 알 수 있습니다, 어머니.

제가 이제 어머니에게 편지를 써서 우표를 붙이지 아니하고, 우편번호를 쓰지 않고, 봉투에 집어넣어 우체통에 넣지 않아도 어머니는 제 편지를 받으시리라는 것을 저는 알 수 있습니다. 그 어디에서도 저와 함께 계시는 어머니.

당신의 사진을 책상머리 위에 놓아두고 이 편지를 쓰기 시작합니다.

편지를 쓰기 전에 몇 번이고 어머니의 사진을 들여다봅니다. 아직 어리던 조카아이의 손을 다정히 잡고 큰형님의 집 정원에서 사진을 찍은 모습을 몇 번이고 바라봅니다. 이른 봄이라 목련꽃이 활짝 피어 있고, 마침 꽃이 질 무렵이어서인지 모르나 땅 위에는 참수하여 베어져 내린 모가지처럼 꽃잎들이 어지러이 깔려 있는 그 꽃밭에 어머니는 다정히 웃고 계십니다. 조카아이가 초등학교 입학도 하기 훨씬 전의 사진처럼 보이니 까마득한 오래 전의 사진인 듯싶습니다. 그때는 걷기도 곧잘 하셨는지 힘차게 꽃밭 위에 서 있으시고 어머니의 옷차림도 무척 낯익어 보입니다.

어머니.

사진을 바라볼 때마다 도저히 어머니가 돌아가셔서 이 지상에서는 만나뵐 수 없다는 것이 믿어지지 않습니다. 이제라도 전화를 걸어오실 것 같고, 찾아가면 형님의 집 문간방에 앉아서 나를 반가이 맞아주실 것만 같습니다.

참으로 이상하지요. 우리들 사람이란 서로 이 지상의 나그네로 살아 있을 때에는 서로의 말을 귀담아듣지도 아니하고 그리 바쁜 일도 없으면서 만나면 얘기도 대충대충 나누고, 사랑도 대충대충 나누고, 슬픔도, 기쁨도, 마음도 대충대충 나누는데, 그것이 불가능하여져 죽음으로 이별하게 되면 참으로 가슴 아픈 추억으로 남게 되는 것을 보면 사람이란 참으로 불완전한 미완성의 존재인 것 같아요, 어머니.

이 세상에 단 한 사람 나의 어머니로 와주셨다 선의(仙衣)로 갈아입고 훌쩍 하늘나라로 두레박을 타고 올라가버린 어머니. 살아 있음은 눈먼 장님의 세계와도 같아요. 서로가 서로에게 소중한 존재임을 알게 되는 것이 살아 있을 때의 기쁨이라면 얼마나 좋을까요.

어머니.

저는 요즈음 한 가지 사실을 깨닫고 있습니다. 바람은 제가 불고 싶을 대로 불어 우리는 그 소리를 듣고도 바람이 어디서 불어와서 어디로 가는지조차도 모르거늘, 하물며 우리들의 영혼이야 어디서 와서 어디로 가는지 어찌 알겠습니까. 어머니의 영혼도 어디로부터 와서 어디로 돌아가는지 그것은 아무도 모릅니다. 그러나 한 가지 분명한 것은 어머니는 영원히 죽지 않는다는 사실입니다.

그것은 마치 이런 것이지요.

'인생은 하나의 연극 무대와 같다' 고 한 셰익스피어의 말처럼 우리의 인생은 하나의 연극 무대와 같아요. 하느님은 그 연극의 각본을 쓰신 분이십니다. 그는 전지전능한 창조력을 갖고 있어 모래알처럼 많은 이 지상의 모든 인간들에게 각각 그 인생에 합당한 희곡(戲曲)을 써 내리고 있습니다. 인간은 이 인생의 무대에 태어나는 한 그 누구나 배우가 되지 않으면 안됩니다. 이 지상 수십억 사람들의 얼굴이 각각 서로 다르고, 개성을 지녀 독특한 것처럼 각자마다 지닌

극본의 내용도 단 한 가지의 대사도 중복되는 일 없이 다양하고 독창적인 것입니다.

　서예가들이 붓글씨를 쓴 후 그 종이 위에 낙관(落款)을 찍어 내리듯 하느님은 그가 창조하신 모든 인간들, 이 지상의 모든 꽃과 나무, 살아 있는 생물에 자신의 작품임을 나타내는 하느님의 낙관을 찍어 내리고 있습니다. 우리가 주의 깊게 살펴본다면 땅 위에 구르는 하찮은 돌멩이 하나에도 하느님의 지문(指紋)이 묻어 있음을 발견해 낼 수 있을 것입니다. 이름 없는 들꽃 한 송이에도 하느님의 낙관은 어김없이 찍혀 있고 하루를 살다 죽는 부나비에도 자신의 작품임을 보증하는 하느님의 도장이 찍혀 있습니다.

　우리가 사는 전자제품의 보증이 단 몇 년에 불과하다면, 하느님의 작품임을 나타내는 하느님의 낙관은 우리의 생명을 영원히 보증하고 있습니다. 그러므로 우리는 귀를 열고 들어야 합니다. 돌 틈을 흘러내리는 시냇물의 소리는 하느님을 그리워하는 하소연의 목소리입니다. 달 밝은 밤 달을 보고 짖는 늑대들의 울음소리도, 가을 밤 풀잎에 숨어 우는 귀뚜라미 소리도, 세상에 갓 태어난 어린아이가 우는 울음소리도 모두 하느님을 향해 칭얼거리는 어리광의 목소리인 것입니다.

　그리하여 성경의 다음과 같은 말씀을 우리는 비로소 이해할 수 있을 것입니다.

당신은 죽지 않았습니다.

　　　내　가슴에　영원히　살아　있고

이 지상에 영원히 머물러 있을 것입니다.

예수께서 길을 가시다가 태어나면서부터 눈먼 소경을 만나셨는데 제자들이 예수께 "선생님, 저 사람이 소경으로 태어난 것은 누구의 죄입니까? 자기의 죄입니까 아니면 그 부모의 죄입니까?" 하고 물었다. 예수께서는 이렇게 대답하셨다. "자기의 죄 탓도 아니고 부모의 죄 탓도 아니다. 다만 저 사람에게서 하느님의 놀라운 일을 드러내기 위한 것이다."

태어나면서부터 눈먼 소경에게 하느님의 영광을 드러내기 위함이라는 예수의 설명은 잘 이해가 가지 않습니다. 하느님이 그를 진심으로 사랑하고 자신의 영광을 드러내기 위함이었다면 그를 불행한 소경으로 창조하셨을 리는 없기 때문입니다. 그렇습니다. 우리들의 눈으로, 이 세상의 가치 척도로 판단하면 불쌍하기 짝이 없는 눈먼 소경의 불행도 하느님의 눈으로 보면 하나의 독창적인 걸작품인 것입니다. 그 오묘하고 신비로운 하느님의 사랑을 우리 같은 피조물로서는 도저히 이해할 수 없을 뿐인 것입니다. 하늘에 계신 완전한 아버지께서 불완전한 자신의 피조물로서의 모상(模相)을 창조하실 리가 있겠습니까.

〈시편〉에 다음과 같은 노래가 나옵니다.

암사슴이 시냇물을 찾듯이 하느님,
이 몸은 애타게 당신을 찾습니다.

하느님, 생명을 주시는 나의 하느님.

당신이 그리워 목이 탑니다.

언제나 임 계신 데 이르러

당신의 얼굴을 뵈오리이까?

암사슴이 시냇물을 찾듯이 우리들의 몸은 애타게 하느님을 찾고 있습니다. 밤 하늘에 빛나는 별빛도, 그 무서운 폭풍 소리도, 모래사장을 핥는 파도 소리도, 달을 보고 우는 늑대 소리도, 깊은 산골짜기에 홀로 피어났다 홀로 지는 아무도 돌보아 주지 않는 들꽃 하나도, 태어났을 때부터 불쌍한 소경도, 그 모든 것이 하느님을 그리워하고 하느님께 찬양의 노래를 부르고 있는 것입니다. 그렇습니다. 진흙으로 하나의 인간을 만들고 그 코에 입김을 불어 영혼을 불어넣는 순간부터 하느님은 그 인간에게 맞는 대본(臺本)을 준비하십니다. 우리가 사는 이 지상의 세계는 하느님의 대본을 따라 연기하며 살아가는 무대에 지나지 않습니다. 막이 열리는 것으로 우리의 인생은 시작되는 것이며 막이 내리면 우리의 연기도 끝이 납니다. 하느님의 대본은 단 하나의 대사도 중복되는 일이 없는 독창적인 것이지만 나오는 주인공은 언제나 변함이 없습니다. 인간의 무대에 하나의 새로운 배우가 태어나려면 그를 배게 하는 아버지와 그를 낳은 어머니는 불변의 고정 배역인 것입니다. 그 누구도 아버지와 어머니가 없는 아이는 태어날 수 없는 것입니다.

그렇습니다.

아버지와 어머니는 하느님이 쓰시는 대본에 항상 나타나는 불변의 배역인 것입니다. 하느님이 이 배역에 최초로 쓰신 배우는 아담과 하와였습니다. 수많은 배우들이 이 역을 맡으면서 죽어갔습니다. 이 지상에서 왕국이 건설되고 왕조가 멸망하고 역사가 시작된 이래 수천억의 인류가 태어나고 죽어가면서도 그들은 모두 이 두 가지 역 중에 하나를 택하여 인간의 무대 위에서 열심히 연기하다가 죽어갔습니다.

인간은 살아 있는 동안은 이 연기에만 몰두하여 자신의 영혼이 얼마나 거룩한 존재인가를 망각하고 제 몸 위에 죄를 짓고 살아갔습니다. 그것이 불쌍하여 하느님은 자신의 외아들마저 이 지상의 배우로 보내셨습니다. 그는 이 지상의 무대 위에서 스스로 십자가 위에 못 박혀 죽음으로써 우리가 돌아갈 무대 뒤의 다른 세상을 극명히 증명하여 보여주었습니다. 지상에서의 죽음은 단지 무대 위 역할에서의 죽음을 뜻할 뿐임을 보여주기 위해서 그는 부활로 이를 증명하여 주었습니다.

그리하여 어머니.

당신은 이 역을 맡기 위해서 나의 어머니가 되셔서 이 무대 위로 내려오신 것입니다. 당신이 아버지와 결혼을 하고 우리들 아들딸들을 낳고 이 세상에서 그 지지리도 못난 팔자와 그 지지리도 드센 고생과 싸우면서 하느님의 대본대로 충분히 연기하시고는 아무에게도 박수 한번 제대로 못 받으시고 돌아가신 것입니다. 어머니는 자신의 역할에만 매어달려 평생 팔자 타령만 하셨지요. 남편 일찍 잃고 이 험난한 세상 살아가느라고 고생 고생하시면서 자신이 얼마나 소중한 존재인가는 망각하고 사셨지요. 막이 내리면 분장을 지우고 본래의 자신이 되어 돌아가는 무대 뒤의 배우처럼 어머니는 어머니 역할의 분장과 육신의 무대 의상을 벗으시고 훌쩍 일어나 어디로 가셨나요.

그렇습니다, 어머니.

어머니는 영원히 죽지 않습니다. 어머니의 역할을 맡은 여자는 죽지만 어머니는 〈창세기〉 이래로 한 번도 죽지 않은 영원의 모상(母像)인 것입니다.

그러므로 어머니, 어머니가 영원히 죽지 않았음을 나는 믿습니다. 이 지상의 배우로 존재하셨던 어머니의 의상은 천주교 공동묘지에 묻혀 있습니다. 어머니의 육신은 어머니의 낡은 의상에 불과합니다. 이미 1955년에 돌아가신 아버지의 낡은 의상 옆에 어머니가 묻히신 지도 벌써 몇 년이 흘렀습니다. 어머니가 그 무덤으로 가실 때의 기억이 어제만 같습니다. 어머니의 낡은 의상을 담은 관이 흙구덩이 속에 묻힐 때가 어제만 같습니다. 그 관 위에 온 가족이 한 부삽씩 떠서 흙을 덮었지요. 흙과 더불어 꽃 한 송이씩 던져넣었습니다. 따라온 신자들이 성수(聖水)도 관 위에 열심히 뿌려대었지요. 그때가 11월 초, 만추의 계절이었지요. 낙엽은 지고 온 산은 홍엽의 화산(火山)이었습니다. 풀잎들은 빛이 바래 누렇게 변색하고 신자 여러분들이 노래를 불렀지요.

> 인생은 언제나 외로움 속의 한 순례자.
> 찬란한 꿈마저 말없이 사라지고
> 언젠가 떠나리라.
> 인생은 나뭇잎, 바람이 부는 대로 가네.
> 잔잔한 바람아, 살며시 불어다오.
> 언젠가 떠나리라.
> 인생은 들의 꽃, 피었다 사라져가는 것.
> 다시는 되돌아오지 않는 세상을
> 언젠가 떠나리라.

제목이 '순례자의 노래'였던지요.

신자들이 부르던 노랫소리가 아직도 귓가에 쟁쟁히 남아 있습니다. 떼지어 무덤까지 따라와 주신 손님들의 긴 그림자, 석양 노을에 너울거리던 그림자들이 길게 길게 무덤가를 춤추고 있었던 것도 아직 생생히 기억하고 있습니다. 그리고 모두 떠나갔지요. 하나의 연극이 끝나면 박수를 치고 뿔뿔이 제 갈 길로 가버리는 관객들처럼 모두 뿔뿔이 헤어져 갔지요. 조명은 내리고 객석은 어둠뿐입니다. 어머니의 연극이 끝났으므로 이제 극장은 텅 비고 다시는 막이 오르지 않을 것입니다.

낡은 연극의 포스터처럼 어머니의 무덤 앞에는 어머니의 공연 일 자를 기념하여 알리는 묘비명 하나가 세워져 있을 뿐입니다.

아버지의 묘와 나란히 합장하여 누운 어머니의 묘 앞에는 멋진 연기를 보여주고 돌아간 부부의 합동 공연 낡은 포스터가 빛 바랜 채 서 있습니다.

최 베드로   1907년 1월 18일 생
             1955년 3월 19일 선종
손 안나   1908년 6월 26일 생
             1987년 11월 2일 선종

낡은 묘비명 뒤에는 두 분의 배우가 낳은 자식들과 손자손녀들의 이름이 가득 메워져 있습니다. 두 명 배우가 낳은 자식들도, 손자들 도 그들의 아버지 어머니처럼, 그들의 할아버지 할머니들처럼 창세 기 이래의 고정 배역 '아버지, 어머니'의 역할을 충분히 연기해 나 갈 것입니다.

그리운 어머니. 이제는 어머니를 생각해도 별로 눈물이 나오지 않아요. 이제는 어머니를 생각해도 가슴이 아프거나 절실한 슬픔이 밀려오지 않습니다. 세상살이에 바빠서 어머니의 추억을 드문드문 잊어버린 탓은 아니에요. 살아 있는 사람들의 이기심으로 더러는 버리고 더러는 잊은 탓도 아니에요. 어머니를 이별하였다는 생각보다는 내가 원할 때 어머니를 언제나 만날 수 있다는 확신 때문이에요. 어머니는 죽지 않았습니다. 영원히 죽지 않았고 하나의 붙박이 별이 되어 항성(恒星)이 되어버렸습니다.

어머니.

지상의 나그네 되어 머물러 있을 때의 그 애틋함 그대로 언제나 나를 보호하여 주세요. 당신은 내가 이 지상에서 만났던 단 하나의 소중한 분입니다. 당신의 뱃속에서 열 달을 채워 잉태되어 있는 동안 나는 하느님으로부터 영혼을 전해 받았나이다. 그리하여 어머니. 당신의 자궁은 주님이 부활하여 사라진 빈 무덤이 아니었겠습니까. 또한 당신의 자궁은 술이 익어 가고 있었던 술의 창고가 아니었겠습니까.

어머니.

당신은 죽지 않았습니다. 당신은 어머니의 이름으로 내 가슴에 영원히 살아 있고 이 지상에 영원히 머물러 있을 것입니다. 이 세상에 태어나 제일 먼저 배운 말 한마디가 '엄마' 이었듯 어머니가 가르친 말, 어머니가 가르친 노래들은 내 가슴에 마르지 않는 샘이 되어 흘러내리고 있습니다.

어머니.

제가 이 세상에 태어나 제일 먼저 배운 말이 '엄마' 였고 제일 먼저 배운 노래가 어머니가 불러 주신 자장가이었듯 언제나 제 가슴에 살아남아 시들지 않는 늘 푸른 나무가 되어 주세요. 그 나무 그늘에 앉아서 나는 늘 행복합니다. 그 나뭇가지에 그네를 매어달아 앉아 놀면서 나는 늘 행복합니다. 그리하여 언젠가 아들인 제가 어머니처럼 육신의 낡은 의상을 벗고 무대 뒤로 돌아갈 무렵에는 어머니와 자식이 아니라 같은 아버지의 아들딸이 되어 뛰어나와 제 손을 잡고, 서로의 얼굴을 비비며 이 지상에서 있었던 여러 일들을 기억하고, 즐거워할 수 있도록 어머니, 그 어머니의 원형이신 성모 마리아여, 은총이 가득하신 마리아여. 이제와 우리 죽을 때에 우리 죄인을 위하여 빌으소서.

모든 인생은 한낱 풀포기.
그 영화는 들에 핀 꽃과 같다.
풀은 시들고 꽃은 진다.
스쳐가는 야훼의 입김에 백성이란 실로 풀과 같은 존재이다.
풀은 시들고 꽃은 지지만
우리 하느님의 말씀은 영원히 서 있으리라.

그리운 어머니.
안녕히 계십시오.

아버지

　어릴 때부터 나는 아버지와 어머니의 단골 안마사였다. 아버지는 내가 초등학교 4학년에 올라가자마자 돌아가셔서 아버지에 대한 기억은 별로 남아 있지 않다. 아버지의 담배 심부름하였던 것. 아버지의 젖꼭지를 몰래 빨아 보았다가 들켜서 무안당하였던 것. 아버지와 함께 잠을 자다 한밤중에 깨면 아버지의 코고는 소리가 갑자기 뚝 그쳐 그대로 아버지가 숨을 져 돌아가신 게 아닌가 가슴에 귀를 대고 심장 소리를 들었던 기억. 한밤중에 대문을 덜컹이는 바람 소리가 꼭 도둑놈의 발자국 소리인 것 같아 망설이다가 아버지를 흔들어 깨워서 "아빠, 도둑이 왔나 봐요, 도둑이 왔나 봐요" 하면 아버지는 잠시 숨을 끊고 귀를 기울이고는 돌아누우면서 말씀하셨다.

"도둑이 아니다. 안심하고 자거라. 바람 소리다."

아버지의 단편적인 추억 중에서 내가 가장 선명히 그리고 자주 기억할 수 있는 것은 아버지의 다리 주물렀던 안마의 기억들이다. 아버지는 형, 동생, 누나들도 많이 있었지만 꼭 나를 불러 다리를 주무르도록 하셨다. 저녁 무렵 회사에서 돌아오시면 아버지는 비스듬히 누우셔서 나를 불러 찾으셨다.

"인호야, 어디 갔니. 와서 다리 좀 주물러라."

나는 아버지의 다리를 주무르는 것이 참으로 즐거웠다. 형제 중에서 내가 가장 잘 주무른다고 아버지는 나를 비행기 태워 주시곤 하였다. 그것은 내가 아버지의 다리를 주무르는 노역을 귀찮아하는 마음이 아니라 기쁜 마음으로 하였기 때문에 그렇게 느끼셨을 것이다. 어릴 때 어중간한 위치로 맏이도, 막내도, 귀염둥이 딸도 아니었던 나는 나를 인정해 주는 아버지의 칭찬의 말씀이 그렇게도 좋았던 것 같다. 게다가 아버지는 내 안마사 역에 마땅한 대가를 지불하시곤 하셨다.

벌써 수십 년 전의 일이니 화폐 단위가 달라져 정확한 액수를 기억할 수는 없지만 아버지는 백 번 아버지의 다리를 두드릴 때마다 지금 돈 천 원에 해당하는 돈을 약속하셨다. 내 노동에 정당한 대가를 받는 기쁨도 아버지의 다리를 주무르는 것이 그렇게 즐겁게 느껴졌던 이유 중의 하나였을 것이다.

그러나 지금도 정확히 기억하지만 아버지는 내게 빚을 지고 돌아가셨다. 지금 돈 오만 원 정도의 안마 빚을 지고 아버지는 돌아가신 것이다. 떼어먹을 것이 따로 있지 치사하게 초등학교 3학년짜리의 꼬마에게 실컷 다리를 때리고 밟고 주무르게 하시고는 그날그날 안마값을 주지 않고 야금야금 미루고 미루더니 치사하게도 글쎄 거금 오만 원의 빚을 남기고 돌아가신 것이다.

이 다음에 내가 죽어 하늘나라에서 아버지를 만나면 그 안마비를 꼭 돌려받을 것이다. 이 지상의 모든 일들을 다 알고 계시는 하느님은 지상의 아들에게 빚진 돈을 지상의 복리 계산으로 쳐서 갚으라고 아버지에게 명령하실 것이며 우리 주 예수님은 그 옆에서 증인(證人)으로 서주실 것이다.

아버지는 저녁 신문이 오면 꼭 연재소설을 내게 읽으라고 하셨다. 아버지는 베개를 베고 비스듬히 누우셔서 내가 읽는 신문의 연재소설을 끝까지 들으셨다. 그러다 보면 한옥의 방문으로 저녁 석양이 붉게 비쳐 들어오곤 하였지.

나는 기억한다.

작가 김래성의 '애인(愛人)'이란 신문 연재소설을 아버지는 아주 재미있어하셨다. 경향신문인가 무슨 석간신문에 연재되던 소설이었는데, 나는 매일같이 아버지에게 그 소설을 읽어 드려 내용을 훤히 외우고 있었다.

젊은 주인공 남녀가 창경원의 벚나무에 서로의 이름을 새기면서 사랑의 약속을 하는 장면을 읽어 드린 적이 있었는데, 아버지는 들

©KOO

아버지의 다리를 주무르던 그 작은 추억이 얼마나 소중한가.

다 말고 '참 좋다' 하고 말씀하셨고, 나는 아홉 살의 어린아이였지만 순수한 첫사랑을 나누는 남녀의 열정을 아빠 앞에서 읽는다는 부끄러움으로 공연히 낯이 붉어졌다.

아버지는 그 연재소설이 끝나기 전에 돌아가신 것으로 기억된다. 그래서 나는 자연 그 연재소설을 계속 읽어 드릴 수 없었으며 창경원의 벚꽃나무에 서로의 이름을 새기던 그 애인들이 나중에 어떻게 되었으며, 잘 만나 행복하게 살았는지 아니면 헤어져 불행한 이별을 하게 되었는지 그 후일담을 알지 못하게 되었다.

그러나 그때 아버지의 다리를 만지던 그 촉감이 내 손에 남아 있다. 아버지의 다리는 굵고 통나무처럼 딱딱하였다. 내가 신나서 밟고 때리면 간혹 시원해서인지 느닷없이 방귀를 뀌곤 하셨다. 내가 깔깔대면서 웃으면 아버지는 그저 소처럼 웃으셨다. 방귀를 뀌었다는 것은 아버지가 시원해 하신다는 신호였으므로 나는 신명난 무당처럼 돈이고 뭐고 숫자를 세는 것조차 잊어버리고 실컷 공짜로 서비스를 하곤 했는데, 아버지의 입에서 '됐다. 이제 그만둬라' 하시기 전에는 결코 아버지의 몸에서 손을 떼지 않았다.

아버지가 돌아가신 후 명안마사의 명성은 자연 어머니에게로 이어져 내려갔다. 다리를 주무르던 그 촉감이 아버지보다 어머니의 다리를 주무를 때가 더 선명히 내 손끝에 남아 있음을 느끼는 것은 어머니가 비교적 아버지보다 더 오래되지 않고 가까운 세월까지 사셨기 때문이기도 하지만 무엇보다도 안마의 방법이 달랐기 때문이다.

아버지는 옷 위를 때리고 주무르도록 하셨지만 어머니는 옷 위가 아닌 맨살을 주무르는 것을 좋아하셨다. 그래서 어머니는 으레 내가 안마를 할 때면 양말을 벗고 바지를 걷어올리곤 하셨다. 옷 위가 아닌 맨살을 만지던 촉감이라 따뜻하던 어머니의 그 체온과 부드러운 감촉이 나비를 만지면 손에 묻어나는 분(粉)가루처럼 내 손에 남아 있다.

나는 삼십 년이 넘도록 어머니의 다리를 주물렀다. 어머니가 나이 들고 돌아가시기까지 어머니의 다리를 주무르면서 어머니가 죽음에 가까이 가신다는 것을 실감할 수 있었다.

키가 난쟁이처럼 작은 어머니라 어머니의 다리는 30센티 자(尺)만큼이나 짧았다. 어머니는 발가락의 매듭을 딱딱 소리나도록 꺾어 주는 것을 좋아하셨다. 내가 딱딱 매듭을 분질러 드리면 어머니는 아야아야 비명을 지르면서도 시원해 하셨다. 어머니의 다리에는 아이를 많이 낳으셔서인지 살이 처진 흔적이 마치 참외 껍질의 줄무늬처럼 남아 있었다. 어머니는 아버지처럼 안마의 대가를, 돈이라는 매혹적인 미끼를 덧붙이시지 않았으므로 나는 그다지 신명이 나지는 않았다. 이제 그만하라는 아버지의 말씀과는 달리 어머니는 언제나 내가 그만두지 않으면 먼저 그만두라는 말씀을 않으셨다. 그래서 내가 언제나 먼저 시들해져서 지루해질 수밖에 없었다.

"됐어요, 엄마?"

내가 맥풀린 소리로 물으면 어머니는 으레 이렇게 말씀하시곤 하셨다.

"쬐금만 더. 쬐금만 더."

남편을 잃은 과부가 되어 어머니는 먹고 살 길이 막연해지자 방마다 하숙을 치셨는데, 그러고 나서는 내 안마 횟수가 더 늘어났고 어머니는 자주 '쬐금만 더', '아이구 시원해라. 아야아야 시원해라', '쬐금만 더'를 연발하셨다.

삼십여 년 어머니의 다리를 주물러왔으므로 어머니의 다리에 대해서는 아주 훤하다. 어머니의 다리를 주무르면 살 속에 신경줄이 말랑말랑하게 만져졌다. 그 신경줄을 부드럽게 어루만지면 어머니는 아주 시원해 하셨다.

나이가 들어 고등학생이 되고 대학생이 되고 군인이 되고 청년이 되어갈수록, 나는 어머니의 다리 주무르는 것을 싫어하게 되었고 점점 더 어머니의 다리에서 멀어져가게 되었으며, 어머니의 다리는 그에 비례해서 점점 더 탄력이 없어지고 흐늘흐늘해지고 가늘어졌다.

결혼하고 나서부터는 어머니의 다리와는 인연이 없어지고 말았다. 이따금 어머니는 전화를 걸어 내게 말씀하셨다.

"얘 아범아, 와서 다리 좀 주물러다구."

그럴 때면, 나는 좀 쑥스러웠다. 장가를 가서 애까지 낳은 아들에게 와서 다리를 주물러 달라니, 아내는 그렇게 전화를 걸어오는 어머니를 주책이라고 눈을 흘기곤 하였다. 그래도 어머니를 만날 때마다 인사와 동시에 다리를 주무르는 일은 언제나 되풀이되었는데, 그

때마다 내가 가슴 아픈 것은 어머니의 다리가 점점 더 말라간다는 사실이었다. 다리를 못 쓰시게 되고부터는 말라가는 속도가 더욱 빨라져서 돌아가실 무렵에는 뼈만 남아 있었다. 다리를 주무르다가 나는 몇 번이고 울곤 하였다. 삼십 년 동안 어머니의 전속 안마사였으므로 나는 어머니의 다리가 어떻게 변하여 왔는가를 잘 알고 있었고, 이렇게 뼈만 남은 다리는 분명히 돌아가실 무렵이 가까웠음을 알리는 징조라 생각되어 가슴이 아프고 기분이 언짢았다. 그래도 어머니는 발가락의 매듭을 딱딱 꺾으면 젊었을 때처럼 아야아야 하시면서도 좋아하셨다.

이제 두 사람은 내 곁을 떠났다. 내가 사십여 년 동안 줄곧 안마로 모시던 아버지와 어머니는 이제 내 곁에 없다. 아직도 내 손에 남아 있는 그 촉감, 그 살의 느낌, 살아 숨쉬던 그 생명력, 어머니의 부드러운 살결, 매듭을 꺾을 때마다 뼈마디가 분질러지는 그 경쾌한 소리, 유난히 따뜻하던 어머니의 체온, 그 모든 감촉들이 내 손안에 분명히 남아 있는데도 두 분은 내 곁을 떠나 돌아가시고 안 계신다.

한밤중에 눈을 뜨면 어머니의 다리를 주무르던 그 기억이 행복한 추억이 되어 떠오른다. 아아, 어머니의 다리를 주무르던 그 작은 추억이 얼마나 소중한가. 어머니가 아직까지 살아 내 곁에 계신다면, 그래서 전화를 걸어 내게 이렇게 말한다면, '얘 아범아, 와서 다리 좀 주물러다우' 그렇게 말씀하신다면 나는 자리를 박차고 일어나 달려가리라. 나는 안다. 어머니가 내게 전화를 걸어 다리를 주물러 달라고 청승을 떠신 것은 실제 다리를 주물러 주기를 바라는 것보다는 나를, 이 아들을 보기 원함이었음을. 보고 싶어할 때마다 달려가 주는 그 사소한 행위도 왜 나는 귀찮아하였던가. 갈 때마다 어머니는 내 앞에 누우셨다. 양말을 벗고 바지를 걷고 누우셨다. 어머니는 안마를 하는 손끝에서 육체의 피로를 덜기보다는 자신의 뱃속에서 열 달을 키우다가 낳은 자식으로서의 친정(親情)을 마음 깊이 느끼고 싶으셨기 때문이었을 것이다.

1982년 10월 10일로 성인(聖人)이 되신 막시밀리안 꼴베 신부는 1941년 8월 14일 독일의 '아우슈비츠(Auschwitz)' 수용소에서 탈옥을 한 유태인 때문에 죄 없는 수형자(受刑者) 열 명을 굶겨 죽이는 아사감방(餓死監房)에 보내는 명단에서 스스로 아내와 아이를 가진 가조프니체크 대신에 굶어 죽은 20세기의 성인이다.

그는 평생 '성모 마리아'를 사랑하였다. 성모 마리아에 대한 사랑은 극진해서 그는 제자들에게 '성모 마리아에 대한 것은 독서보다는 기도에 의해서, 박학한 서적을 읽기보다는 성모 앞에 엎드려서야 배울 수 있다'고 말하곤 하였다. 막시밀리안 꼴베 신부는 병약해서 여러 번 죽을 고비를 넘겼지만 그때마다 기적적으로 소생하여 일어섰다.

그는 그의 제자들에게 다음과 같은 편지를 썼다.

결코 자신에게 신뢰를 주지 마십시오. 내 몸에 유혹과 시련을 더

하여 원죄 없으신 성모님께 맡기십시오. 그러면 꼭 승리를 얻을 수 있을 것입니다. 성모님 없이 생활하는 것이 절대로 불가능하다고 느껴질 때마다 성모님을 열렬히 사랑하십시오. 모든 수단이 무력하다는 것을 알고 절망적인 시선을 느끼며 어떤 일도 부적당하다고 느껴질 때 원죄 없으신 성모님은 이 오물(汚物)통 같은 가엾은 나의 잔해를 집어올려 주셨습니다. 성모님은 어떤 자리에도 설 수 없는 나를 잡으시어 신의 영광을 넓히기 위해서 사용해 주셨습니다. 조잡스런 붓을 가지고 명화를 그리는 대화가를 상상해 보십시오. 성모님이 화가이시고 붓은 나 자신입니다.

성모님은 화가이시고 자신은 조잡한 붓이라고 말한 이 성인은 언제나 수도복 밑에 묵주를 숨기고 어디서나 '성모송'을 염하는 것으로 자신을 지켜 나갔다. 성모님에 대한 열렬한 사랑은 《성모의 기사》란 책을 발간케 하였으며, 언젠가는 원죄 없으신 성모상이 모스크바의 크레믈린 꼭대기에 세워질 것을 암시하고 그로써 전세계에 평화가 오리라고 예언한 이 신부는 수용소에 잡혀 가기 전에 자신의 동료 수사들에게 다음과 같은 유언을 남긴다.

원죄 없으신 성모님을 사랑하십시오.
원죄 없으신 성모님을 사랑하십시오.
원죄 없으신 성모님을 사랑하십시오.

원죄 없으신 성모님은 하느님의 어머님이십니다.

성 막시밀리안 꼴베 신부님의 성모 마리아에 대한 사랑의 출발은 그의 나이 열 살 때 비롯된 것이었다. 어느 날 신부님의 어머니가 과격한 기질에 독립심이 강하며, 활달하고 결단성이 있으나 좀 분별이 없고 고집통인 레문도(꼴베 신부님의 어릴 때의 이름)에게 다음과 같이 소리질렀다.

"얘는 도대체 이 다음에 자라서 무엇이 될까?"

이때 레문도는 너무나 슬퍼서 성모님이 계신 곳으로 가서 다음과 같이 물어 보았다.

"성모님, 나는 이 다음에 뭐가 되겠습니까?"

이후부터 레문도 소년은 성당에 갈 때마다 성모 마리아에게 그렇게 묻곤 하였다. 그런데 어느 날 성모님이 관을 들고 나타나셨다. 하나는 흰색의 관이고 하나는 붉은색의 관이었다. 성모님은 레문도를 다정하게 바라보시면서 '어느 관을 갖고 싶니?' 하고 물으셨다. 성모님은 흰색은 순결을 나타내고 붉은색은 순교를 나타낸다고 하셨다. 이에 레문도 소년이 '둘 다 주십시오' 하고 말씀드렸더니 성모님은 빙그레 웃으면서 사라지셨다.

이 어릴 때의 기억은 꼴베 신부님의 어머니가 훗날 증언한 내용이다. 꼴베 신부님의 어머니는 어느 날 갑자기 완전히 변해버린 아들 레문도가 너무나 이상해서 혹시 큰 병이라도 난 것이 아닐까 묻자 어린 레문도 소년이 고백한 내용이다. 이 고백은 단 한번으로 그친 것이었고 꼴베 신부는 평생 동안 그 누구에게도 이 사실을 말한 적이 없었는데, 어린 레문도 소년은 다음과 같이 고백을 마쳤다고 신부의 어머니는 회상하고 있다.

"그때부터 성당에 갈 때마다 어머니랑 아버지랑 같이 가는 게 아니라 성모님과 성 요셉하고 함께 가는 것 같은 생각이 들었습니다."

그렇습니다. 내가 그 옛날 주물렀던 아버지의 다리는 성 요셉의 다리입니다. 또한 내가 삼십여 년간 계속 주물렀던 어머니의 다리는 막시밀리안 꼴베 신부의 표현대로 성모님의 다리입니다. 모든 어머니의 다리를 통하여 성모 마리아의 다리를 주물렀으며 아버지의 다리를 통하여 성 요셉님의 다리를 때리고 밟고 주물러왔던 것입니다.

어머니.

어머니의 손이 비록 지상의 전화 다이얼을 돌려 내게 와서 다리를 주물러 달라고 말씀하시지는 못한다 하더라도 신비한 성모 마리아의 말씀으로 내게 다가와 언제라도 이렇게 말씀하세요.

"얘 아범아, 어서 빨리 와서 다리를 주물러다구."

아버지.

오래 전에 돌아가셔서 아버지는 그 우렁찬 목소리로 더 이상 나를 부르시지는 못합니다.

"인호야, 어디 갔니. 와서 다리를 주물러라."

그러나 나는 듣습니다. 아버지와 어머니의 목소리가 바람 소리 속에 들어 있고 꽃 속에 깃들여 있으며 흘러가는 시냇물 속에 들어 있음을 나는 압니다. 아버지, 아버지가 부르시면 나는 달려갑니다. 가서 연재소설을 읽어 드리고 꼭 못 받은 안마빚을 받을 것입니다.

어머니.

어머니가 부르시면 나는 달려갑니다. 가서 다시는 영원히 변하지 않을, 시들고 마르지 않을 그 다리를 주무르고 어머니의 발가락을 똑똑 소리가 나도록 분지를 것입니다.

내 곁에 아버지, 어머니로 와서 나를 낳고 갖은 고생하시다가 돌아가신 성 요셉과 성모 마리아님께 주여, 안식을 주소서. 평안을 베푸소서.

이별 없는 이별

I

영결미사가 열린 것은 2월 21일 오후 여덟 시. 성 체칠리아 한인 천주교회에서였다. 맑은 날이 많은 로스앤젤레스지만 마침 우기였으므로 며칠 동안 줄곧 비가 내리고 있었다. 바람까지 몹시 불어 거리의 야자수들은 구부정한 몸을 굽힌 채 활처럼 흔들리고 있었다.

다행히 저녁 무렵부터 비가 개기 시작했다. 미사 시작 삼십 분 전쯤 우리 가족들은 검은 상복을 입고 교회 앞마당에 도착했다. 성당 안은 곳곳에서 보내온 조화로 벌써 가득 차 있어서 마치 울긋불긋한 꽃대궐과 같았다.

죽음은 살아 있는 사람을 함께 모이게 하는 축제의 성격을 띠는 것일까. 세 명의 누나 중 이제는 하나만 남은, 뉴욕에 살고 있는 둘째 누나와 매형을 비롯하여 시카고에 살고 있는 하루아침에 홀아비가 되어버린 막내 매형, 평생을 대기업에서 몸담고 있다가 하루아침에 회사가 흔적도 없이 사라져 강제로 퇴물이 되어버린 형과 로스앤젤레스에서 라디오 방송을 하고 있는 동생 그리고 나, 엄마의 자궁 속에서 함께 태어난 가족 중에서 살아 있는 사람들은 한 사람도 빠짐없이 모두 모인 성대한 축제였다.

그뿐인가. 큰누나가 낳은 세 명의 아이들과 그 아이들이 낳은 여섯 명의 손자손녀들. 그리고 아내를 잃어버린 큰매형 등 살아서는 한꺼번에 모이기가 불가능한 파티를 큰누나는 자신의 장례식을 통해 주최한 것이다.

속속 보내오는 조화들을 조카들은 가지런히 성당 벽에 세우고, 제대 앞에 정리해 두었다. 그리고 우리들은 맨 앞자리에 줄을 지어 앉았다.

마침내 여덟 시가 가까워오자 검은 상복을 입은 문상객들이 몰려오기 시작했고 누군가 스위치를 올려 성당 안의 불을 밝혔다. 불을 밝히자 어두운 성당 안은 신장개업한 슈퍼마켓처럼 환해졌다. 삽시간에 넓은 성당 안은 사람들로 가득 차버렸다. 한국 사람들이 대부분이었지만 그중에는 간혹 외국 사람들의 모습도 보였으며 누이의 가게에서 점원 일을 보던 멕시코 계통의 사람들도 눈에 띄었다.

나는 성호를 긋고 무릎을 꿇었다.

바로 큰누나의 이 장례식에 참례하기 위해서 나는 어젯밤 늦게 로스앤젤레스에 도착했다. 비행기를 타고 형과 나란히 앉아서 태평양을 건너 이곳까지 단걸음에 날아왔다. 형은 형대로 자신의 업무에 바쁘고, 나는 나대로 일상생활에 바빠서 함께 같은 하늘 아래서 생활하고 있었지만 자주 만난 적이 없었는데, 큰누나의 장례식에 참석하기 위해 나란히 비행기를 타고 오는 동안에도 우리는 별로 대화를 나누지 않았다.

형은 비행기에 타자마자 스튜어디스에게 검은 안대를 빌리고 귀마개까지 하고서 일찌감치 눈을 감은 채 잠든 척하고 있었지만 간간이 한숨을 쉬는 것으로 보아 만감이 교차되어 쉽사리 잠이 들지 못하는 듯 보였다. 어쩌다 화장실에 가기 위해 자리에서 일어서면 검은 안대로 가린 형의 얼굴 위로 한줄기의 눈물이 흘러내리는 모습을 보기도 했다. 나도 형을 피해 비행기의 화장실에 가서 문을 잠그고 혼자서 울었다.

누나가 죽었다.

아아, 큰누나가 죽었다.

비행기의 소음으로 통곡을 하고 울어도 아무도 내 울음소리를 눈치챌 사람은 없겠지만 나는 화장실에 숨어들어가 수돗물을 틀고 혼자서 숨죽여 울었다.

지난달 초였던가.

아침 여덟 시쯤 신문의 연재원고를 쓰고 있는데 전화가 왔다. 받고 보니 로스앤젤레스에 살고 있는 큰누나로부터였다. 큰누나의 전화를 받으면 우선 주의 깊게 목소리 상태부터 가늠해 보곤 한다. 왜냐하면 일년 전쯤 누나가 가슴에 물이 차서 병원에 입원했던 뒤부터 심장이 계속 나쁜 상태로, 의사로부터 각별히 주의하라는 중환자 선고를 받았기 때문이었다. 그래서 누나한테 전화가 오면 나는 본능적으로 누나의 목소리가 어떤가, 활기에 가득 차 있는가, 혹시 힘들어하는 기운이 역력한가를 나름대로 체크해 보는 습관이 있는 것이다.

"나야."

늘 그러하듯 그렇게 전화를 시작하는 것이 큰누나의 말버릇이었다. 목소리에 힘이 실려 있는 것 같아 우선 마음이 놓였다. 큰누나는 영재의 결혼식(형님의 아들로 4월 초에 결혼하기로 되어 있다)에 아무래도 참석할 수 없을 것 같다, 조금만 움직여도 숨이 차서 그런다, 계단을 오르기도 힘들다고 했다. 누나는 통화를 할 때면 자신의 건강을 염려하는 내 눈치를 살피며 일부러 활기찬 목소리를 내기도 했다.

"건강은 좀 어때?"

내가 묻자 누나는 대답했다.

"문제없어. 너희 매형이 매일같이 선인장 즙을 짜서 먹여 주는데 그것을 먹으면 힘이 솟는다고."

매형과 누나는 알로아베라라는 선인장을 멕시코까지 가서 구해

다가 매일같이 그것을 짜서 선인장 물을 먹는다고 했다. 선인장을 먹으니까 불끈불끈 힘이 솟는다는 것이 누나의 표현이었다. 나는 다행이다 싶었다. 선인장의 즙액이 큰누나의 심장을 건강하게 해줄 수 없으리라는 것을 잘 알고 있으면서도 태평양을 사이에 두고 멀리 떨어져 무엇을 어떻게 도와줄 수도 없는 내게 오히려 심리적 위안을 주려는 누나의 배려에 나는 안심이 되었다.

"그래, 누나. 그럼 선인장을 삶아 먹고, 구워 먹고, 쪄 먹고, 마구 마구 먹어."

우린 그렇게 우스꽝스러운 이야기를 나누었고, '건강해, 누나' '잘 있어, 또 전화 걸게' 하는 의례적인 인사로 전화를 마쳤다.

그런데 그것이 누나와 내가 나눈 마지막 전화가 된 것이다.

이틀 전 미국에 사는 큰조카로부터 전화가 왔었다. 대뜸 아무래도 엄마가 가망이 없다는 것이었다. 나는 순간 왼쪽 가슴을 날카로운 비수로 찢어 내리는 것 같은 흉통을 느꼈다. 벌써 병원에 입원한 지 사흘째 되는 날이고 마지막 방법으로는 심장이식 수술을 받는 것뿐인데 그것도 가망 없어 임종 준비를 하고 있는 중이라는 일방적인 통보 전화였다. 그런데 그로부터 한 시간 후쯤 마침내 큰누나가 돌아가셨다는 연락이 온 것이다.

전화를 끊고 나니 황당했다.

일년 전 부활절 날 막내 누나가 갑자기 교통사고로 돌아가셨고, 일년이 안된 사이에 이번에는 큰누나가 심장마비로 돌아가신 것이었다. 그러니까 불과 일년 사이에 누나 두 사람이 한꺼번에 돌아가 내 곁을 떠난 것이다.

나는 서둘러 제일 먼저 떠나는 비행기표를 예약하면서도 이것이 꿈인지 생시인지 영 분간이 가지 않았다.

큰누나.

우리 형제에게 큰누나는 엄마 이상이었다. 큰누나는 올해 일흔한 살로 우리집의 맏누나이자 대부였다. 우리집 형제들은 모두 큰누나를 마음속 깊이 믿고 의지하고 있었다. 그런데 그 큰누나가 갑자기 돌아가버린 것이다. 어느 날 갑자기 사전에 예고도 없이 정전(停電)이 되어버린 것처럼. 큰누나가 살아 계셨을 때는 비록 누나가 먼 미국에 떨어져 살고 있었다 하더라도 내 생활에 늘 광명의 빛을 비추고 있었다. 그런데 그 빛이 어느 한 순간 사라져 캄캄한 어둠이 온 것이다. 캄캄하고, 캄캄하고, 캄캄한 어둠이. 나는 그 캄캄한 어둠 속에서 더듬거리며 그 어둠의 실체를 확인하기 위해서 이처럼 비행기를 타고 큰누나의 장례식장에 날아왔다.

Ⅱ

영결미사는 정각 여덟 시에 큰누나의 관이 성당에 도착하는 것으로 시작했다. 검은 장의차에 실려온 누나의 관은 생각보다 웅장하고 겉면에는 반질거리는 윤기까지 흐르고 있어 누나에게는 호사스러운

우리 형제에게 큰누나는 엄 마 이 상 이 었 다 .

마지막 사치처럼 보였다. 두터운 관의 윗부분은 열대지방인 로스앤젤레스에서 피어나는 화려한 각종 야생화와 꽃들로 뒤덮여 있어서 그 속에 누나가 누워 있는 목관이라고 생각되기보다는 무슨 고급 가구나 호화로운 가재도구처럼 보였다.

모든 가족들은 누나의 관을 앞세우고 성당 안으로 입장했으며 파이프 오르간의 연주 소리가 성당 안을 가득 채우기 시작했다. 사람들은 앉은 자리에서 모두 일어나 관을 향해 묵례를 하였으며 몇몇 사람들은 소리를 내어 울기 시작했다. 모자를 쓴 사람은 서둘러 모자를 벗었으며 어떤 사람들은 성호를 긋고 무릎을 꿇었다.

누나를 주인공으로 하는 인생의 단 한번뿐인 마지막 축제가 시작된 것이다.

미사를 집전하는 신부님은 연기를 태우는 향로를 들고 한 바퀴 관을 돌고 축성된 성수를 뿌림으로써 누나의 시신과 영혼을 정화시키고 있었다.

나는 온갖 화려한 꽃다발 속에 놓인 누나의 사진을 쳐다보았다. 그제야 누나가 돌아가셨다는 실감이 가슴을 파고들기 시작했고 이제 다시는 살아 있는 누나를 볼 수 없다는 사실에 푸른 연기 속에 떠오르고 있는 누나의 모습이 물기에 젖어 뿌옇게 흐려져가고 있는 것을 나는 느꼈다.

"항상 자비로우시고 너그러이 용서하시는 하느님, 이 세상을 떠난 최테레사(경욱) 자매를 위해서 겸손되이 강구하나이다."

마침내 제단 위에 올라간 신부는 제문을 낭독하기 시작했다.

"그녀는 이 세상에서 주님을 만나고 믿었사오니 이제는 본 고향으로 돌아가 영원한 기쁨을 누리게 하소서. 성부와 성자와 성령의 이름으로 아멘."

신부님의 본 기도로 영결미사가 시작되었다. 내 머릿속에는 '이제는 본 고향으로 돌아가 영원한 기쁨을 누리게 하소서'란 기도 말이 떠올라 줄곧 소용돌이치고 있었다. 이 세상의 삶이란 성녀 테레사 수녀의 말처럼 '낯선 여인숙에서의 하룻밤'인 것이다. 인생이란 낯선 타향에서의 짧은 귀양살이에 지나지 않는다. 죽음이란 낡은 허물을 벗고 천지창조 전부터 있어왔던 본 고향으로 되돌아가는 것이다. 그러므로 슬퍼하거나 고통스러워할 필요는 없다. 오히려 죽음이라는 할례(割禮) 의식을 통해 영원한 기쁨을 누릴 수 있게 되는 것이다.

성당측에서 나누어준 영결미사 팸플릿에는 큰누나의 사진이 실려 있었다. 새색시처럼 새빨간 립스틱을 바르고, 새빨간 한복을 입고 있는 큰누나의 사진 밑에는 이렇게 적혀 있었다.

'최테레사(경욱) 자매(1930년 9월 9일~2000년 2월 16일).'

칠십의 고희를 맞는 나이에도 유난히 빨간색을 좋아해서 나들이를 할 때면 빨간색 원피스를 즐겨 입던 누나. 이상하게도 살아 있을 때는 자연스럽게 보이던 누나의 사진 모습이 이처럼 죽어 영정(影幀)의 사진으로 탈바꿈하고 나니 전혀 다른 사람처럼 보였다. 갑자기 빛이 바래고, 퇴색이 되어 마치 우연히 두터운 책을 뒤지다 발견한, 어느 해 가을에 주운 바짝 마른 낙엽처럼 비현실적으로 보였다. 사람도 죽으면 바짝 마른 낙엽처럼 한순간에 생명력을 잃어버리는 것일까. 큰누나, 아니 이제는 고인이 다 되어버린 최테레사 경욱 누나. 큰누나는 우리 형제들이 입학 시험을 치를 때면 우리가 시험을 보고 있는 학교 정문에 수문장처럼 버티고 서 있곤 했다. 그것은 자신이 그렇게 해야만 우리 형제들이 당연히 합격할 수 있으리라고 믿는 신념 때문이었다.

과연 큰누나는 우리 형제들의 미륵불이었다.

누나가 우리들이 시험을 끝내고 나올 때까지 꼼짝도 하지 않고 정문을 지키고 서 있으면 우리들은 중학교에 고등학교에 대학교에 취직시험에 언제든 합격했다. 백 퍼센트의 합격률이었다. 단 한번의 낙방이 있었는데 그것은 내 동생 녀석의 대학 입학시험 때였다. 동생이 Y대학 시험을 보았을 때 큰누나가 감기에 걸렸는지, 혹은 몸이 불편했는지 그 수문장 노릇을 포기하자 누나의 예언대로 동생은 대학 입학시험에서 낙방을 했다. 재수 끝에 동생은 Y대에 다시 시험을 보았고 나는 그때 군대에 갓 들어가 신병훈련을 받고 있었다. 그 해는 누나의 아들까지 중학교 시험을 볼 때여서 누나는 빨간 내복을 속에 입고(누나는 천주교 신자였음에도 불구하고 이따금 점을 보러 가곤 했는데 그때 점쟁이가 빨간 내복을 입고 가면 아들이 중학교에 합격한다고 말했다는 것이다) S중학교와 Y대학교 앞을 번갈아 뛰면서 수문장 노릇을 했다. 과연 누나의 신통력 때문인지 아니면 점쟁이 말대로 빨간 내복 때문이었는지 그 해 동생 녀석과 조카는 똑같이 입학 시험에 합격할 수 있었다.

이 말은 누나가 우리들의 입학 시험 같은 데나 팔을 걸고 나섰다는 것이 아니라 항상 우리 형제들을 어떻게 해서든 보호하려는 마치 마피아 가문의 대부 같은 마음으로 가득 차 있었다는 이야기다.

그도 그럴 것이 아버지가 돌아가셨을 때 우리집에서는 단 한 사람 큰누나만이 시집을 간 상태였다. 형은 중학교 2학년이었고, 나는 초등학교 4학년, 동생 녀석은 초등학교 1학년이었다. 말로만 변호사였지 남긴 재산이라고는 쥐뿔도 없는 가난한 살림에서 큰누나는 '바람과 함께 사라지다'의 스칼렛처럼 당당하고 꿋꿋했다.

지금도 생생히 기억하지만 간경화로 돌아가신 아버지의 수발은 전적으로 큰누나가 모두 도맡아 했던 것으로 기억된다. 큰누나는 아버지의 대소변은 물론 모든 수발을 책임졌다. 아버지를 어찌나 사랑했던지 항상 아버지, 우리 아버지 하고 종달새처럼 노래부르곤 했다. 그 무렵 큰매형은 미국에서 연수생활을 하고 있었으므로 큰누나는 전적으로 아버지의 병구완에만 힘쓰고 있었는데, 아버지가 돌아가신 후 천호동에 있는 공동묘지에 묻힐 때 갑자기 큰누나가 땅을 치며 이렇게 말했던 것을 나는 기억하고 있다.

"에구머니나, 아버지가 묻힌 묏자리가 며칠 전 꿈속에서 보았던 바로 그곳이로구나. 에구머니나, 꿈이 이렇게 맞을 수 있다니."

가족들에 관한 한 큰누나는 신통하게도 꿈이 잘 맞는 예지의 능력을 갖고 있었다. 아버지가 돌아가실 무렵 김홍섭 판사를 대부로 영세를 받은 후 우리집에서 제일 먼저 천주교를 받아들인 사람이 엄마와 큰누나였다. 소화 테레사가 큰누나의 세례명이었다.

아버지가 돌아가신 후부터 큰누나는 출가외인임에도 불구하고 언제나 최씨 가문의 대모를 자처했다. 우리집이 무슨 몰락한 왕족도 아니고 뼈대 깊은 양반의 후예도 아닌데 항상 우리를 만나면 '우리 최씨, 우리 최씨'를 강조하곤 했었다. 그리고 기회가 있을 때면 지금은 만날 수 없는, 이북에 계신 할머니, 작은아버지들의 이야기를 마치 극사실주의 화가의 묘사처럼 생생하게 해주곤 했다.

언젠가 나는 아내와 함께 로스앤젤레스에서 둘째 조카 폴이 운전하는 차를 타고 큰누나와 함께 라스베이거스를 돌아 그랜드 캐니언까지 차를 타고 3박4일 가량 여행한 적이 있었다. 그때 누나는 뒷좌석에 앉아서 3박4일 내내 잠시도 쉬지 않고 북한에 살고 있던 할머니, 사리원 고모, 아버지의 형제들에 대한 이야기를 집중적으로 쏟아내었다. 큰누나의 속셈은 내가 작가이니 그런 이야기를 자주자주 해주면 소설 속에서라도 표현되지 않을까 싶어서라는 것이었다.

돌아가시기 하루 전 문병차 찾아간 신부님에게도 누나는 예외가 아니어서 이북에 있는 가족의 이야기를 심장에 물이 고여 숨이 차는데도 계속했다고 한다. 장례식이 끝나고 가족들끼리만 특별미사를 올릴 때 그 신부님은 이렇게 말했다.

"그때 시간이 있었더라면 이야기를 더 듣고 싶을 정도였습니다."

큰누나는 남북전쟁으로 폐허가 된 타라의 집을 재건하려는 스칼렛처럼 6·25 전쟁으로 뿔뿔이 흩어져 이산가족이 된 우리집을 일으켜세우려는 최씨 집 맏이의 사명감에 항상 불타고 있던 여전사였다. 누나는 자신이 최씨 집의 첫 손녀로서 비록 여자였지만 호랑이 할머니와 작은아버지들로부터 어찌나 사랑을 받았던지 그 사랑을 영원히 잊을 수 없다는 것이었다. 누나는 그때부터 우리를 만나면 할머니 이야기와 고모들의 이야기를 듣거나 말거나 녹음기처럼 되풀이하면서 이렇게 말을 하곤 했다.

"우리 최씨, 우리 최씨."

우리 형제가, 특히 나와 같은 말썽꾸러기가 그나마 타락하지 않을 수 있었던 원동력은 아마도 큰누나가 항상 노래하던 그 '최씨 응원가' 덕분일 것이다. 누나의 그런 최면 때문에 우리집 형제들은 마치 우리집이 몰락한 왕족이나 되는 듯 프라이드를 지켜 나갈 수 있었다.

누나의 이러한 태도 때문에 상처입은 아이들은 오히려 누나의 실제 자식이었던 내 조카들이었다. 이들은 마땅히 '우리 김씨, 우리 김씨' 하는 엄마의 응원가를 들으며 성장했어야 함에도 불구하고 엄마의 입에서는 항상 '우리 최씨, 우리 최씨' 하고 친정을 응원하는 응원가만 나왔으므로 이제는 함께 늙어가는 처지가 된 장조카 마틴이 언젠가 이렇게 불평하기도 했다.

"엄마, 우린 최씨가 아니야. 우린 김씨야."

누나는 우리에게 이렇게 프라이드를 심어 주려고 노력했다.

고등학교 때였다. 가난했던 우리집 형편으로 어쩔 수 없이 형이 입던 교복을 내가 물려받을 수밖에 없었는데, 그 때문에 내 고등학교 때 별명은 '걸레'였다. 어찌나 지저분하게 다녔는지 담임 선생님이 나를 극빈자 집의 아들로 보고 쌀 배급을 주려고 했다. 그때 상처입은 내가 큰누나에게 이 사실을 이야기했더니 그 다음 월요일 아침 조회 때 큰누나가 직접 학교 운동장으로 나를 찾아왔다. 전교생이 교장 선생님의 훈화를 듣고 있을 때 큰누나는 나를 운동장 뒤로 불러 그 자리에서 내 헌 교복을 벗기고 새 교복으로 갈아입히기 시작했다. 누나의 손에는 반짝반짝 금단추가 달린 새 교복이 들려 있었다. 누나 앞에서 특히 전교생이 모인 자리에서 옷 벗는 것이 쑥스러웠으므로 부끄러워 머뭇거리자 누나는 결연한 목소리로 말을 했다.

"윗옷을 벗어라."

나는 단추를 풀고 윗저고리를 벗었다. 낡은 내복을 입은 빈약하고 왜소한 체격이 드러나자 누나는 한숨을 쉬면서 말했다.

"밥 좀 많이 먹어라. 사내녀석 체격이 그게 뭐냐."

그러고 나서 누나는 내게 다시 명령했다.

"바지를 벗어라."

"여기서 말이야?"

"여기서 말이야. 그럼 어디서 갈아입는단 말이냐. 뭐가 부끄러워.

부끄러워할 것 하나도 없다."

나는 바지를 벗었다. 마침내 바지까지 갈아입자 누나는 직접 저고리의 단추를 하나씩 끼워 주었다. 옷은 생각보다 커서 바지는 두 겹으로 접을 만큼 헐렁헐렁하고 소매의 길이도 두 뼘 정도 컸다. 누나는 내 머리에서 낡은 모자를 벗겨내고 새 모자도 씌워 주었는데 모자도 눈을 가릴 만큼 큼지막했다. 한참 클 나이 때의 옷은 성장을 대비해서 넉넉하고 큼지막해야 한다는 누나의 쓸데없는 절약정신 때문이었다. 더군다나 내 몸의 성장은 고등학교 1학년 때 멈추어버렸다. 그러니 중고등학교 시절 내내 한 번도 몸에 꼭 맞는 옷을 입어볼 수 없었다. 나는 항상 넉넉한 바지를 질질 끌고 다니거나 귀 밑까지 내려오는 큰 모자를 쓰고 다녔으므로 일부러 남을 웃기려는 코미디언 찰리 채플린이나 횟가루 방귀를 뀌던 서커스단의 어릿광대처럼 일부러 우스꽝스러운 행동을 과장하며 다닐 수밖에 없었던 것이다.

어쨌거나 그날은 내가 새신랑이 된 느낌이었다.

그날 조회가 끝나자마자 곧바로 누나는 교무실로 담임 선생님을 찾아갔다. 그리고 담임 선생님에게 이렇게 말을 했다고 한다.

"선생님, 우리 인호를 잘 돌봐 주셔서 감사합니다. 진작 찾아뵙고 인사를 드렸어야 하는 것인데. 먹고 사는 것이 바빠서 죄송합니다. 그러나 선생님, 우리 아이는 보통 아이가 아닙니다. 선생님, 인호는 비록 지저분하게 옷을 입고 다니고 등록금을 남보다 늦게 내는 가난

한 아이이지만 그렇다고 극빈자는 아닙니다. 그러니까 선생님, 내 동생 인호를 함부로 보지 말아 주십시오."

Ⅲ

인생은 언제나 외로움 속의 한 순례자
찬란한 꿈마저 말없이 사라지고
언젠가 떠나리라
인생은 나뭇잎 바람이 부는 대로 가네
잔잔한 바람아 살며시 불어다오
언젠가 떠나리라
인생은 들의 꽃 피었다 사라져가는 것
다시는 되돌아오지 않을 세상을
언젠가 떠나리라 언젠가 떠나리라.

성가대원들이 파이프 오르간 반주에 맞춰서 애조 띤 장송곡을 부르기 시작했다. 사람들은 성당측에서 미리 준비해 놓은 인쇄된 악보를 들여다보면서 낮고 둔중한 목소리로 성가를 따라 부르고 있었다. 그러나 그 노래는 우리가 알고 있는 노래가 아니었다. 그래서 우리는 성가대가 부르는 곡조를 흉내내어 대충 어림짐작으로 노래를 따라 부르고 있을 뿐이었다. 우리 가족들은 마치 음치들이 노래하는 우스꽝스러운 바보들의 합창과 같은 불협화음을 낳고 있었다. 그 불협화음이 우습기도 하고 또한 슬프기도 하여서 우리는 빙글빙글 웃으면서 찔금찔금 눈물을 함께 흘리고 있었다.

만약 큰누나가 살아 있었더라면 이런 우스꽝스러운 합창은 이루어지지 않았을 것이다. 누나는 언제나 높은 소프라노의 목소리로 노래를 부르는 습성을 가지고 있었다. 언젠가 한번 누나와 함께 로스앤젤레스에서 미사에 참석한 적이 있었는데 나는 일흔에 가까운 할머니인 누나가 여전히 소녀와 같은 하이소프라노의 목소리를 내는 것을 보고 약간 창피했던 적이 있을 정도였다.

큰누나는 나보다 열다섯 살이 위였다. 누나는 내가 어렸을 때부터 다 큰 처녀였다. 따라서 누나가 시집가기 전 처녀 때의 기억은 별로 남아 있지 않다. 그중에서도 잊혀지지 않는 어릴 때의 기억 하나는 바닷가를 거닐면서 부르던 누나의 노랫소리다.

6·25 동란 중 부산으로 피난을 갔었는데 그때 내가 예닐곱 살이었으니 아마도 큰누나는 스물한둘 꽃다운 처녀 때였을 것이다.

피난을 갔다가 한밤중에 불이 나서 하마터면 온 가족이 불에 타서 죽을 뻔했다. 남포동 번화가의 이층집에 세들어 살고 있던 우리 가족은 밤마다 합창을 하곤 했다. 그때 아버지는 우리 형제들이 모여서 부르는 노랫소리를 눈을 지그시 감고 즐겨 들었다. 그날도 밤 늦도록 노래를 부르다 잠들었던 우리들은 한밤중에 매캐한 연기에 약속이나 한 듯 깨어났다. 엄마가 커튼을 열자 이미 무시무시한 화

언 젠 가   떠 나 리 라 .

인생은 들의 꽃, 피었다 사라져가는 것.

염의 불꽃이 방안으로 왈칵 쏟아져 들어오고 있었다. 우리들은 이불을 몸에 둘둘 말고 불타는 계단을 굴러내려 간신히 살아남았는데, 그러나 우리 가족은 하루아침에 알거지가 되고 말았다. 그러고 나서 이사를 간 곳이 용당이라는 바닷가였다.

나는 태어나서 처음으로 바다를 보았다. 바닷가에 있던 작은 오두막집에서 온 가족이 함께 살았다. 죽은 가족들의 영혼을 모신 당집이어서 방 한가운데 사진과 위패가 모셔져 있는 기분 나쁜 방이었고, 실제로 나는 한밤중에 가위에 눌려 비명을 지르면서 깨어나곤 했다. 그 무렵 누나는 땅거미가 내리는 해질녘이면 이 당집에서 나와 서너 살 되는 어린 동생을 데리고 동네에서 떨어진 개울가로 가서 목욕을 하곤 했다. 목욕을 가는 길이면 누나는 바다를 보면서 알 수 없는 일본 유행가를 부르며 혼자서 춤을 추기도 했다.

"아나타토 도모니 이키마쇼—."

뜻은 모르지만 하도 들어서 가사를 외워 따라 부를 수 있을 정도였다. 일본 노래를 들을 때면 나는 이렇게 누나에게 물어 보곤 했다.

"누나, 그게 무슨 뜻이야?"

그러면 누나는 수평선 위로 나는 갈매기떼를 눈으로 좇으면서 아련한 눈빛이 되어 이렇게 말하곤 했다.

"그대와 나 우리 함께 갑시다. 이것이 우리의 운명이라면 그대가 가는 곳이 이 세상 끝이라 할지라도 나는 그대를 따라가겠어요."

그때 누나는 꽃다운 처녀였다. 누나는 처녀의 눈빛으로 바다를 보며 처녀의 목소리로 노래를 부르고 처녀의 감상에 젖어 세상 끝이라도 함께 따라갈 사랑하는 애인이 나타나기를 기다리는 숫처녀였다. 어떤 때는 그 당시 한참 유행하던 가요를 부르기도 했다.

"남쪽나라 바다 멀리 물새가 날고, 뒷동산엔 동백꽃이 곱게 피었네. 서울 가신 아가씨는 어데로 가고, 정든 고향 정든 사람 잊었단 말인가."

큰누나와 목욕을 하러 가며 걷던 그 바닷가는 누나가 마음껏 노래를 부를 수 있는 청춘극장이었다. 누나는 그 청춘극장의 프리마돈나였다. 누나가 노래를 부를 때면 노래 가사처럼 실제로 물새떼들이 공중제비를 하여 재주를 넘고 있었고, 뒷동산 숲에서는 동백꽃들이 새빨갛게 피어나고 있었다.

아아, 생각난다. 바로 그 무렵 지금도 잊혀지지 않는 한 사건이 있었다. 누나는 나를 목욕시킬 때면 벌거벗기고 온 살갗이 벗겨져 나갈 정도로 빡빡 때를 밀곤 했는데, 물론 누나도 속옷 차림의 알몸이었다. 어느 무더운 여름날이었다. 나를 목욕시키고 있던 누나가 갑자기 어둠을 향해 날카로운 목소리로 비명을 질렀다.

그 날카로운 비명 소리는 아직도 내 뇌리에 날카로운 찰과상을 남긴 채 날카로운 기억으로 남아 있다.

그 당시는 잘 몰랐지만 다 큰 처녀가 목욕을 하고 있으니까 동네 총각이 몰래 어둠 속에 숨어서 목욕하는 모습을 훔쳐보고 있었던 모양이었다.

"이봐욧. 거기 누구예요!"

누나는 비명을 지르며 순간 벌거벗은 몸을 일으켜 어둠 속에 숨어 있는 그림자를 손가락질하며 불러 세웠던 것으로 기억된다.

그 사람은 누나의 고함소리에 압도되어 도망치지도 못하고 엉겁결에 숨어 있던 곳에서 불려나와 죄 지은 사람처럼 우리 곁에서 몸 둘 바 몰라 하던 것을 내 눈으로 똑똑히 보았다.

나는 그때 무서웠다.

그 사람은 누나보다 나이가 많아 보였고 무엇보다 덩치가 큰 남정네였다. 더구나 누나는 속옷을 입고 있긴 했지만 거의 벌거벗은 몸이 아니었던가. 그런데도 누나는 전혀 거침이 없었고 그 남자를 향해 소리를 질러 부당함을 따졌다. 그러자 그 남자는 변명도 제대로 못하고 뭐라 중얼거리다가 누나가 '가세요, 다시는 그러지 마세요' 하고 명령하자 어둠 속으로 도망쳐버렸던 것이다.

나는 지금도 그 어린 날의 추억을 강렬하게 간직하고 있다. 아마도 그 추억이 큰누나가 아직 시집가기 전 처녀였을 때 내게 보여준 가장 강렬한 인상이었을 것이다.

겁이 없고, 무엇보다 당당했던 큰누나의 목소리, 어둠 속에 숨어 있던 자신보다 훨씬 큰 정체불명의 사내를 감히 불러내어 훈계할 수 있을 만큼의 당당한 도전정신.

큰누나가 돌아가신 후 가족만의 특별미사를 가졌을 때 신부님은 큰누나를 한마디로 이렇게 평했다.

"나는 최테레사님과 같이 분명하고 당당한 사람은 별로 본 적이 없습니다."

큰누나는 신부님의 말씀처럼 평생을 통해 항상 분명하고 당당했다.

이 분명하고 당당함은 자신의 가족인 동생들 앞에서는 더욱 돋보였고 형제들을 대표하는 맏이로서 언제나 대한독립 만세를 부르짖는 유관순 누나였다.

70년대 초에 전 가족을 이끌고 미국으로 이민을 간 누나는 처음에는 양재공장에서 하루 종일 재봉틀을 돌렸다. 그후 어느 정도 자리를 잡고 나자 누나는 '세븐일레븐'이라는 편의점을 인수했다. 돌아가시기 전까지 큰누나는 이 가게를 거의 삼십 년 동안 혼자서 직접 운영했다.

유태인이 경영하는 전문 체인점으로 하루 이십사 시간을 꼬박 운영하는 그 상점을 평소 장사라고는 장 자도 모르는 큰누나가 삼십 년간을 혼자서 경영해 왔던 것이다. 큰누나는 너무나 피로해서 눈을 뜰 수 없을 만큼 중노동을 하면서 그 가게를 운영했다. 그렇게 해서 아이들 모두 대학을 보냈고 결혼을 시켰고, 세 명의 아이에게서 모두 여섯 명의 손자손녀를 탄생시켜 번성케 했다.

미국에 갈 때면 나는 가끔 그 가게를 들러 보곤 했다. 큰누나는 연신 땡큐 땡큐 하면서 오가는 흑인들, 멕시칸들을 맞고 인사를 나누며 맥주를 팔고, 식료품을 팔고, 복권을 팔았다. 짧은 영어로도 이들과 못 나누는 대화가 없을 정도였다. 단골손님들은 모두 누나를 마미(엄마)라고 부르면서 좋아하고 따르고 있었다. 이따금 알코올 중독자들과 집 없는 노숙자들이 누나의 가게에 와서 스스럼없이 공짜로 따뜻한 커피와 도넛을 먹으면서 한참을 떠들다 가곤 했다.

흑인 동네는 아니지만 각종 인종이 혼합된 동네에서 밤을 새워 현금장사를 하는 가게는 자연 범죄의 표적이 되고 말았다. 실제로 70년대 말 누나의 가게에서 한밤중에 손님을 가장하여 들어온 강도에게 종업원이 피살되는 살인사건이 일어나기도 했다. 그 얘기를 전해 들었을 때 나는 마음이 아팠다. 이때의 경험이 영화 '깊고 푸른 밤'의 한 장면에 담겨 있다. 우리나라 영화 사상 처음으로 현지 올로케 하던 이 작품의 촬영차 로스앤젤레스에 들렀던 나는 서부시대 권총을 찬 보안관 같던 큰누나를 보면서 충격을 받기도 했다.

누나의 얘기로는 이따금 강도가 가게로 들어온다는 것이다. 며칠 전에는 실제로 칼을 든 인디언 강도가 가게에 들어왔다고 했다. 칼을 든 몸집이 큰 인디언 강도는 자신이 먼저 겁을 먹어 벌벌 떨고 있었다는 것이 누나의 표현이었다.

"몸집이 산만큼 큰 강도였는데 벌벌 떨고 있더구나. 내게 칼을 들이대고 현금이 들어 있는 금고를 열라고 했어. 물론 말을 하지 않고 손짓으로만 그렇게 행동했지. 그래서 내가 말했어. 얘, 이러지 마. 이러지 말라고."

"영어로 말이야, 누나?"

"아니, 한국말로 그랬어. 내가 영어를 할 줄 아니. 한국말로 애, 이러면 안돼, 이러면 큰일나 하면서 칼을 든 손을 내 손으로 뿌리쳤단다."

"칼을 든 손을 말이유?"

"그래 내가 이랬어. 애, 칼을 치워. 오케이, 칼은 좋은 게 아니야. 칼을 쓰는 사람은 칼로 망하게 되어 있는 거라고. 그러자 인디언은 내가 무서워졌는지 뒷걸음질쳐서 도망가기 시작했어. 그래서 내가 도망치는 인디언에게 십 달러짜리 지폐 몇 장을 집어 주었지. 그러자 인디언은 땡큐 땡큐 하며 나가더군. 참 불쌍한 인디언이었어."

누나는 자랑하는 마음도 없이 담담하게 자신이 당했던 경험담을 털어놓았다. 그 말을 들으면서 나는 문득 어렸을 때 몰래 누나의 벗은 몸을 훔쳐보던 사람을 불러 세워 한바탕 혼을 내던 누나의 옛 모습이 떠올랐었다.

큰누나. 평생을 분명하고 당당하게 살아갔던 큰누나. 동생들과 자식들, 가족을 위해서라면 칼을 든 인디언이라도 두렵지 않았던 큰누나.

나는 기억한다. 매일 아침 새벽 여섯 시면 누나는 회사를 은퇴한 매형과 함께 자신의 생활터전인 가게로 출근했다. 그리하여 저녁 여섯 시까지 열두 시간 동안 누나는 발이 퉁퉁 부어 신발을 신을 수 없을 만큼 혼신의 힘을 다했다.

몇 년 전 누나의 집에 들렀을 때 머리맡에 쏴아 물을 붓고 사라지는 북청 물장수처럼 나는 잠결에 누나와 매형이 나누는 얘기를 듣곤 했다. 새벽 여섯 시경 출근을 서두르며 피로해서 제대로 눈도 뜨지 못한 채 나누는 대화였다.

"여보, 오늘은 날씨가 좀 어떻수?"

"열쇠는 잘 챙겨놨어." (매형은 가는귀가 어둡다.)

"열쇠가 아니라 날씨 말이유."

"여보, 이것 좀 봐. 밤새 선인장이 꽃을 피웠네."

"그러게나 말이에요. 예쁘기도 하지. 하느님의 솜씨야말로 신비롭기도 하지. 여보, 인호가 자고 있으니까 발걸음 소리 좀 줄이세요."

이제 그런 대화도 사라졌다. 큰누나는 돌아가셨다.

나는 감히 우리 누나를 성녀라고 부른다. 인도에서 죽어가는 사람들을 위해 헌신하는 테레사 수녀만이 성녀가 아니다. 평생을 가족을 위해 헌신했던 우리 누나야말로 성녀 최경욱 테레사인 것이다. 이제는 새벽 일을 나가는 누나의 발걸음 소리에 잠을 깰 수도 없다. 누나는 육신의 껍질을 벗었으므로 발걸음 소리 따위의 유치한 소리는 내지 않을 것이다. 누나는 발걸음 소리도 내지 않고 언제나 어디서나 내 곁에서 나와 함께 머물러 있을 것이다.

Ⅳ

한 시간 남짓 걸린 영결미사가 끝난 후 마침내 작별의 시간이 되었다. 작별의 시간이란 관 뚜껑을 열고 누나의 시신을 공개한 후 살아남은 사람들과 마지막 인사를 나누는 미국식 장례행사였다.

장의사측에서 사람이 나와 두꺼운 관 뚜껑을 열었다. 그리고 나서 일가족들에게 누나의 모습을 우선적으로 공개했다.

큰누나는 화장을 한 얼굴로 꽃 속에 누워 있었다. 빨간색 한복을 입고 마치 꽃향기에 취해 깊은 잠에 빠진 사람처럼 보였다. 눈을 감고 있었고 얼굴에는 발그스레 화색이 돌고 있었는데 아마도 장의사측에서 연극배우용 화장품을 두텁게 바른 모양이었다. 입술에도 유행가 가사처럼 붉은 립스틱을 짙게 바르고 있었다.

분명히 누나의 모습이었지만 그러나 관 속에 누운 누나는 정교하게 만든 실물 크기의 밀랍인형처럼 보일 뿐이었다. 어린 조카들이 울기 시작하였고, 딸인 로사가 실신하여 쓰러지는 것을 주위 사람들이 부축하여 일으켰다.

'할머니' 하고 손자들이 울고, '엄마' 하고 조카들이 울고, 그리고 우리들은 '누나' 하고 각자 자기 나름의 명칭으로 부르면서 눈물을 흘렸다.

그러나 나는 눈물이 흘러내리지 않았다.

누나의 시신은 다만 하나의 육신에 불과할 뿐이다. 누나의 영혼은 이미 빠져 나가버렸으며 저 관 속에 누운 누나의 형상은 다만 하나의 탈바꿈한 껍질에 지나지 않는다. 마치 죽은 꽃을 말려 드라이 플라워를 만들 듯 이미 누나의 형상은 영혼의 향기와 빛깔이 스러져 버린 것이다. 그러므로 저 누나의 모습은 꽃병에 꽂힌 마른꽃〔乾花〕에 지나지 않는다. 나는 가만히 다가가 누나의 손을 만져 보았다. 가슴 위로 올려 가지런히 모으고 있는 누나의 두 손은 얼음장처럼 차디찼다.

큰누나의 손, 다정했던 누나의 손.

큰누나는 마술의 손을 가지고 있었다. 대학 시절 가정학을 전공했던 큰누나는 그 손으로 무엇이든 접을 줄 알았다. 내가 나비를 원하면 누나는 금방 나비를 접었다. 새를 원하면 새를 접고 비행기를 원하면 비행기를 접었다. 처녀 시절 만들어 두었던, 누나가 색종이로 접었던 표본들은 내가 어렸을 때 가장 즐겨 보던 앨범이었다.

그 앨범은 내게 있어 환상의 궁전이었다. 그 속에는 없는 것이 없었다.

배도 있고, 자동차도 있고, 자전거도 있었다. 꽃도 있고, 코끼리도 있고, 기린도 있었다. 누나가 색종이로 만든 꽃은 실제의 꽃보다 더 아름다웠다. 큰누나는 무엇이든 원하는 것은 색종이로 접는 기적의 손을 갖고 있었다. 큰누나는 색종이로 나비를 접고, 평생 동안 가족을 접고, 새를 접듯 아이들을 접고, 꽃을 접듯 사랑을 접었던 여인이었다.

삶이 아무리 고달프고 고통스럽다 하여도 그 속에서 기쁨의 색종이를 접을 줄 알던 내 누이였기 때문에 누나는 결코 절망에 빠져본 적이 없는 명랑한 여인이었다.

"평소에 죽음에 대해서 생각해 보셨나요?"

돌아가시기 전날 신부님이 찾아가 물었을 때에 누나는 이렇게 대답했다고 한다.

"아니오, 신부님. 난 한 번도 죽음에 대해서 생각해 본 적이 없어요. 죽음이란 나하고 상관없는 것이니까요."

죽기 바로 전까지도 자신의 죽음에 대해서 심각하게 생각해 보지 않았던 큰누나. 튼튼한 흑인의 심장을 이식받아 천년 만년 살다던 막내동생의 농담에도 깔깔대며 웃던 큰누나. 그 큰누나가 마침내 자신의 손으로 자신과 상관없는 죽음을 색종이로 접어 보인 것이다.

"수고했어요, 큰누나."

나는 얼음장처럼 차가운 누나의 손에서 손을 떼면서 소리를 내어 중얼거렸다.

"이 지상에서 나의 큰누나로 살다가 알 수 없는 저 세상으로 돌아간 경욱 누나, 안녕히 가세요."

유가족들의 작별인사가 끝난 뒤 장례식에 참가했던 모든 문상객들의 작별 순서가 이어졌다. 유가족들은 관 옆에 일렬로 서서 찾아온 사람들과 일일이 악수를 나누었다. 그러고 나서 다시 관 뚜껑이 닫혔다. 이제 누나의 형상은 마치 햇빛을 받으면 균열되어 먼지가 되어버리는 흡혈귀의 육체처럼 썩어서 한줌의 흙으로 돌아가게 될 것이다. 성당 한구석에 마련된 영안실에 누나의 관을 안치하고 두터운 자물쇠로 채운 후 성당 밖으로 나오자 캄캄한 어둠이 내려와 있었다.

사람들은 뿔뿔이 흩어져 가고 우리들도 무거운 짐을 벗은 것처럼 홀가분한 기분이 되었다. 뜨락에 서서 담배를 피우고 있는데 처음 보는 수녀 한 분이 내게로 다가왔다.

"최베드로 씨죠?"

"그렇습니다."

"축하합니다."

나이 든 수녀는 내게 만면의 미소를 띠면서 말했다. 난 조금 어리둥절한 느낌이었다. 축하라니. 누나의 장례식에서 축하의 인사라니. 그러자 그런 내 속마음을 눈치챈 듯 수녀는 웃으며 이렇게 말했다.

"며칠 전, 16일이었어요. 그날 로스앤젤레스에는 오전 내내 비가 내렸지요. 저는 그때 교회에 있는 어떤 분을 방문했다가 돌아오는 길이었어요. 그런데 갑자기 하늘에 큰 무지개가 뜬 것을 보았답니다. 큰 무지개도 하나가 아니고 쌍무지개였어요. 너무나 찬란하고 아름다워서 차를 멈추고 한참을 보았지요. 그런데 돌아와서 들으니까 바로 그 시간에 테레사님이 선종하였다지 뭐예요. 그러니까 베드로 씨, 큰누나가 돌아가신 그 순간에 하늘에 아름다운 쌍무지개가 떴던 것이랍니다. 그러니까 너무 슬퍼하지 마세요."

251

무지개.

하느님은 홍수로써 이 지상을 멸망시킨 후 이렇게 말씀하셨다고 〈창세기〉는 전하고 있다.

"……내가 구름 사이에 무지개를 둘 터이니 이것이 나와 땅 사이에 세우는 계약의 표가 될 것이다. 내가 구름으로 땅을 덮을 때 구름 사이에 무지개가 나타나면 다시는 물이 홍수가 되어 모든 동물을 쓸어버리지 못하게 하리라."

그렇다.

큰누나는 이 세상을 떠날 때 마지막으로 빨강 주황 노랑 초록 파랑 남색 보라, 일곱 가지 색종이로 빛나는 무지개를 접어 보인 것이다. 그 기적의 손으로 큰누나는 쌍무지개를 접어 보인 것이다. 마치 하느님께서 인간과 땅 사이에 다시는 홍수로 멸망시키지 않겠다는 계약의 표시로 무지개를 세우듯 큰누나는 아직 이 지상에 남아 있는 가족들을 죽어서도 잊지 못하겠다는 계약의 표시로, 또한 언젠가는 또다시 함께 만나자는 약속의 표시로 무지개 한 쌍을 접어 보이고 나서는 떠나버린 것이다.

V

다음날 오후, 큰누나는 로스앤젤레스 교외에 있는 공동묘지에 묻혔다. 로스앤젤레스 특유의 햇볕이 찬란하게 내리쬐고 있어 마치 화장하고 있는 여인의 분첩에서 분가루가 떨어지듯 황금의 햇빛 분말이 둥둥 떠다니고 있는 듯한 화창한 날씨였다. 미리 묘지측에서 파놓은 구덩이 속에 관을 밀어넣은 후 마지막으로 유가족들이 부삽으로 흙을 떠서 한줌씩 관 위에 뿌리기 시작했다. 로스앤젤레스에 살고 있는 막내동생은 한사코 흙을 관 위에 뿌리지 않았다. 대신 장미꽃 한 송이만 관 위에 던졌을 뿐이었다.

동생은 울면서 말했다.

"형, 나는 도저히 큰누나를 떠나보낼 수 없어. 큰누나를 땅 속에 묻어 망각 속으로 떠나보낼 수 없어."

그래서 흙을 뿌리지 않겠다는 것이었다. 그러나 나는 서슴치 않고 듬뿍 퍼담은 흙을 누나의 관 위에 힘차게 뿌린 후 장미 꽃송이를 던져버렸다. 왜냐하면 나는 알고 있으므로. 비록 큰누나가 땅 속에 묻혀 영원히 우리 곁을 떠난다 하더라도 누나는 내 가슴속에서 영원히 떠나지 않고 살아 있을 것을 내가 알고 있으므로.

나는 누나를 땅 속에 묻지 아니하고 내 가슴 깊은 곳에 묻었다. 누나는 내 가슴속에서 항상 살아 움직이고 있을 것이다. 비 온 뒤 저 서편 하늘에 떠오르는 찬란한 무지개처럼 누나는 내 가슴속에서 내가 원하면 언제든 찬란한 무지개로 떠오르고 있을 것이다. ●